책 속 음원
바로 듣기!

음원 듣기 & 단어챈트 영상

남다른 학습법으로
기적 같은 실력을 보장하는

기적의 영어리딩

체계적인 6단계 커리큘럼

	1 with 파닉스	2 with 주제 어휘	3 with 문장 패턴
목표	큰소리 리딩으로 문자 해독력을 높여요	리딩의 재미를 알며 기초 어휘력을 쌓아요	필수 문형을 접하며 문장 이해력을 높여요
리딩 소스	일상 이야기, 만화, 동화, 서사 논픽션 읽기	일상 이야기, 만화, 동화, 서사 논픽션 읽기	초대장, 포스터, 규칙 등의 정보·지식이 결합된 스토리 읽기
난이도	AR 0.5~1.0 Lexile BR~50 Words 50~70 (6p)	AR 0.7~1.5 Lexile 25~200 Words 70~90 (6p)	AR 1.3~2.3 Lexile 125~400 Words 90~110 (4p)
성취 수준	기초 어휘 180개	초등 3~4학년 교과서 수준 필수 어휘 180개	초등 5~6학년 교과서 수준 필수 어휘 200개

✓ 독해력 성장의 핵심 과정을 탄탄하게 밟아가는 6단계 리딩 프로그램

✓ 기적만의 3-Step 완전학습 시스템으로 확실한 학습 성과를 보장!

✓ 새 교육과정을 연계한 콘텐츠로 리딩 기초부터 중학 수준까지 저절로 완성!

✓ 적정 학습분량과 친절한 학습안내로 혼자서도 끝까지 완주 가능

4 with 문장 구조	5 with 문법	6 with 서술형 영작
다양한 글감을 읽으며 문장 구성력을 키워요	글을 논리적으로 이해하여 핵심을 파악해요	읽은 내용을 바탕으로 정리하는 표현력을 길러요
일상 소재의 실용문, 짧은 논픽션 읽기	교과 연계된 최신 소재의 정보글 읽기	교과 연계된 최신 소재의 정보글, 의견글 읽기
AR 2.3~3.3 Lexile 420~620 Words 100~130	AR 3.0~3.9 Lexile 550~680 Words 130~150	AR 3.7~4.7 Lexile 650~780 Words 150~180
고학년 독해력 완성	예비중 리딩 · 문법 통합	중학 독해 · 서술형 시험 대비

p.23

p.26

It's the **sun** in the sky.

It's a **sail** on a boat.

It's a **starfish** from the sea!

It looks like a rectangle.

p.39

p.42

Emma has blue eyes.

Emma is a bit shorter than me.

"I like funny stories!"

"I love yellow too!"

p.55

p.58

It's a **dung beetle**.

It's a **firefly**.

It's a **caterpillar**.

It's a **bee**.

p.75

p.78

But I love ketchup.

But I love carrot cake.

But I love popcorn.

But I love fries.

p.91

p.94

It has many **stars** on it.

It has many **stripes** on it.

They have **bunnies** on them.

It has many **flowers** on it.

p.107

p.110

He goes to **school** by bus.

Who rides a **bike** ?

He goes to work by **subway** .

Who takes an **airplane** ?

2A

짧은 문장 읽기
AR 0.7~1.5

기적의 영어리딩

with 주제 어휘

길벗스쿨

기적만의
3-Step 완전학습 시스템

읽고, 이해하고, 확장하는 3-Step 시스템으로 겉핥기가 아닌 진짜 실력을 키웁니다. 하나의 지문을 3단계에 걸쳐 깊이 있게 학습하면서 콘텐츠를 제대로 소화합니다. 동시에, 리딩의 기본 바탕이 되는 파닉스-어휘력-문장력을 차례로 강화합니다. 단순한 읽기를 넘어 문해력 성장을 위한 핵심 학습이 통합적으로 이루어지는 학습법입니다.

Step 1. 읽기

단어 익히기

스토리 지문을 이해하는 데 필수적인 키워드를 먼저 학습합니다.

스토리 리딩

몰입하여 즐길 수 있는 흥미로운 스토리를 담아, 반복하여 듣고 읽는 동안 단어와 표현을 쉽게 체화합니다.

Step 2. 이해

내용 확인 문제

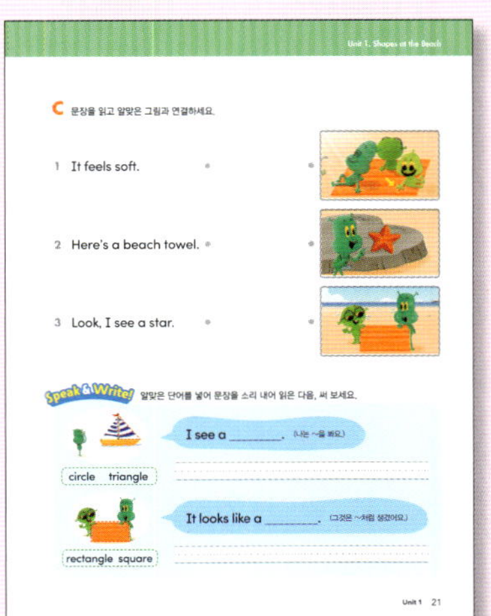

다양한 유형의 문제를 통해 읽은 내용을 충분히 이해하고, 단어 및 문장을 반복 학습하게 됩니다.

Step 3. 확장

주제 어휘 학습

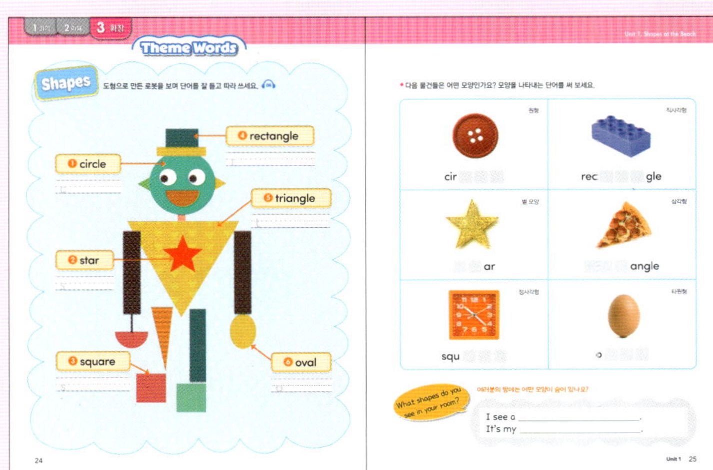

실력을 한층 더 성장시키는 확장 학습 단계입니다. Level 2에서는 스토리 주제와 연관된 단어들을 추가로 으히며 어휘량을 풍부하게 늘려 갑니다.

✦ Contents ✦

Level 2-A

✦ How to Study ✦

재미있는 스토리를 읽으며
주제별 어휘와 기초 문형으로 독해의 기초를 다집니다!

Level 2는 학습자가 흥미를 이어갈 수 있도록 스토리 기반 지문으로 구성하였습니다. 다양한 일러스트가 내용을 쉽게 이해하도록 도와주며, 반복해서 등장하는 문장 패턴을 통해 기초 문형을 자연스럽게 익힐 수 있습니다.

독해 실력을 키우는 첫걸음은 풍부한 어휘력에 있습니다. Level 2에서는 초기 학습자가 꼭 알아야 할 기초 단어에 더해 주제별 어휘까지 확장하여 어휘량을 풍부하게 늘리도록 합니다. 즐겁게 스토리를 따라 읽으며 기초 문형과 어휘력, 두 가지를 동시에 잡아 보세요.

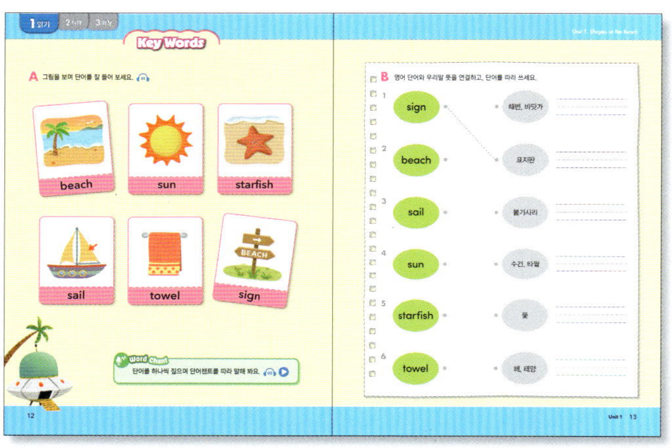

Step 1. 읽기

핵심 단어를 익힌 다음 지문 따라 읽기

❶ **[Key Words]**에서 핵심 단어의 발음을 듣고 뜻과 철자를 익혀요.

❷ 신나는 **[단어 챈트]**를 반복해서 들으며 단어를 확실히 익혀요.

❸ 간단한 액티비티를 풀며 단어를 즐겁게 복습해요.

❹ 세 가지 버전의 Read Aloud 가이드 음원을 들으며, 스토리 지문을 듣고 따라 읽어요.

[스토리 듣기] 오디오를 잘 들으며 어떤 내용인지 살펴봐요.

[집중 듣기] 손가락으로 하나씩 짚으며 글자에 집중하여 들어요.

[따라 읽기] 직접 소리내어 읽어봐요. 들려주는 문장을 한 줄씩 따라 읽어보세요.

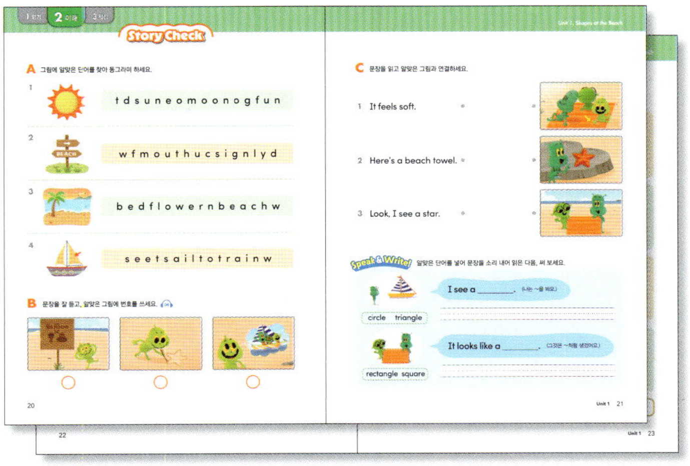

Step 2. 이해
문제를 풀며 지문을 제대로 이해하기

❶ [Story Check]에서는 여러 유형의 문제를 풀며 스토리의 흐름과 내용을 제대로 이해해요. 문제 속에서 단어와 문장을 반복해 만나며 영어표현을 자연스럽게 익혀요.

❷ 문제 풀이 후 **[별책]** 정답지를 참고하여 채점하고 틀린 문제를 확인해요.

Step 3. 확장
주제별 어휘 학습 후, 스스로 소리내어 읽기

❶ [Theme Words]에서, 주제 연관 단어를 추가 학습합니다.

❷ 단어의 뜻과 철자 쓰기를 연습한 다음, 배운 단어를 활용해 내 생각을 표현해 봅니다.

❸ [I Can Read] 스스로 소리 내어 읽기 연습을 해요. 직접 소리내서 읽을수록 리딩 실력이 좋아집니다.

[Review Test] 리뷰 테스트 2회분이 포함됩니다. Unit 1~3에 대한 테스트와 Unit 4~6에 대한 테스트로 영어 실력을 확인해 볼 수 있어요.

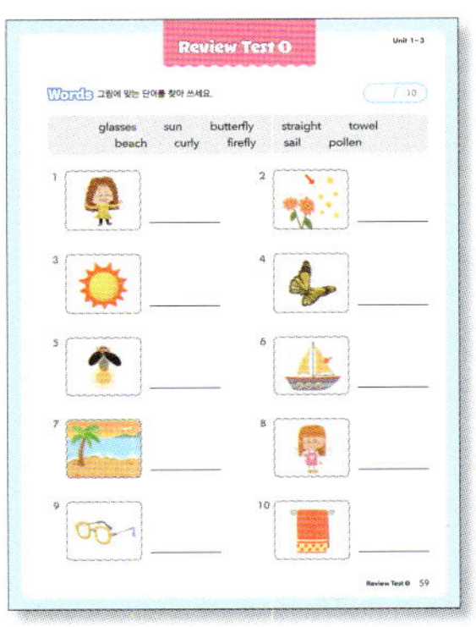

[별책: Practice Book] 단어·문장 쓰기, 딕테이션, 주제 어휘에 관련해 선택적으로 보충학습을 할 수 있습니다.

✦ Study Plan ✦

학습 완주를 위해 미리 학습계획을 세워 보세요.
주 5일 학습하여 한 달 완성하기, 또는 주 3일 학습하여 6주 완성하기!
나에게 맞는 계획은 어느 쪽인가요? 목표를 세운 다음, 아래 진도표를 따라 공부해 보세요.

주 5일 학습 스케줄

4 Week

Week 1	Unit 1	Unit 1	Unit 1	Unit 2	Unit 2
	Step 1 읽기 본책 p.12~19 별책 p. 2	**Step 2** 이해 본책 p. 20~23 별책 p. 3	**Step 3** 확장 본책 p. 24~26 별책 p. 4~5	**Step 1** 읽기 본책 p. 28~35 별책 p. 6	**Step 2** 이해 본책 p. 36~39 별책 p. 7
	◯월◯일	◯월◯일	◯월◯일	◯월◯일	◯월◯일
Week 2	Unit 2	Unit 3	Unit 3	Unit 3	Review Test 1
	Step 3 확장 본책 p. 40~42 별책 p. 8~9	**Step 1** 읽기 본책 p. 44~51 별책 p.10	**Step 2** 이해 본책 p. 52~55 별책 p.11	**Step 3** 확장 본책 p. 56~58 별책 p.12~13	본책 p. 59~62
	◯월◯일	◯월◯일	◯월◯일	◯월◯일	◯월◯일
Week 3	Unit 4	Unit 4	Unit 4	Unit 5	Unit 5
	Step 1 읽기 본책 p. 64~71 별책 p.14	**Step 2** 이해 본책 p. 72~75 별책 p.15	**Step 3** 확장 본책 p. 76~78 별책 p.16~17	**Step 1** 읽기 본책 p. 80~87 별책 p.18	**Step 2** 이해 본책 p. 88~91 별책 p.19
	◯월◯일	◯월◯일	◯월◯일	◯월◯일	◯월◯일
Week 4	Unit 5	Unit 6	Unit 6	Unit 6	Review Test 2
	Step 3 확장 본책 p. 92~94 별책 p. 20~21	**Step 1** 읽기 본책 p. 96~103 별책 p. 22	**Step 2** 이해 본책 p.104~107 별책 p. 23	**Step 3** 확장 본책 p.108~110 별책 p. 24~25	본책 p.111~114
	◯월◯일	◯월◯일	◯월◯일	◯월◯일	◯월◯일

주 3일 학습 스케줄

6 Week

Week 1 Unit 1	**Step 1** 읽기 본책 p.12~19 별책 p. 2	**Step 2** 이해 본책 p. 20~23 별책 p. 3	**Step 3** 확장 본책 p. 24~26 별책 p. 4~5	
	◯월◯일	◯월◯일	◯월◯일	
Week 2 Unit 2	**Step 1** 읽기 본책 p. 28~35 별책 p. 6	**Step 2** 이해 본책 p. 36~39 별책 p. 7	**Step 3** 확장 본책 p. 40~42 별책 p. 8~9	
	◯월◯일	◯월◯일	◯월◯일	
Week 3 Unit 3	**Step 1** 읽기 본책 p. 44~51 별책 p.10	**Step 2** 이해 본책 p. 52~55 별책 p.11	**Step 3** 확장 본책 p. 56~58 별책 p.12~13	**Review Test 1** 본책 p. 59~62
	◯월◯일	◯월◯일	◯월◯일	◯월◯일
Week 4 Unit 4	**Step 1** 읽기 본책 p. 64~71 별책 p.14	**Step 2** 이해 본책 p. 72~75 별책 p.15	**Step 3** 확장 본책 p. 76~78 별책 p.16~17	
	◯월◯일	◯월◯일	◯월◯일	
Week 5 Unit 5	**Step 1** 읽기 본책 p. 80~87 별책 p.18	**Step 2** 이해 본책 p. 88~91 별책 p.19	**Step 3** 확장 본책 p. 92~94 별책 p. 20~21	
	◯월◯일	◯월◯일	◯월◯일	
Week 6 Unit 6	**Step 1** 읽기 본책 p. 96~103 별책 p. 22	**Step 2** 이해 본책 p.104~107 별책 p. 23	**Step 3** 확장 본책 p.108~110 별책 p. 24~25	**Review Test 2** 본책 p.111~114
	◯월◯일	◯월◯일	◯월◯일	◯월◯일

Read Aloud를 위한 4가지 음원

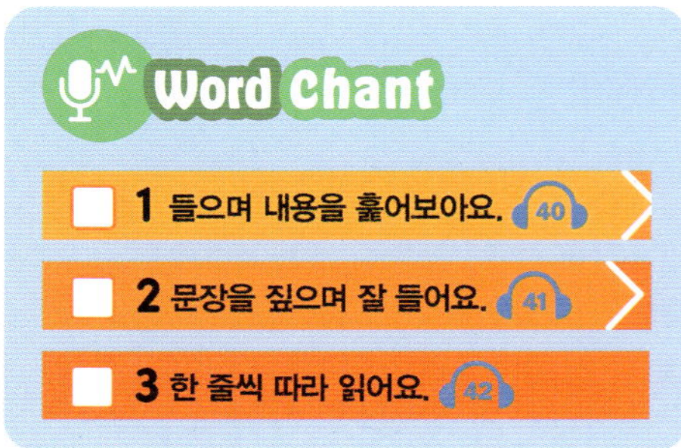

- 읽기 준비를 위한 [단어 챈트]
- 그림과 함께 [스토리 듣기]
- 글자를 짚으며 [집중 듣기]
- 한 문장씩 [따라 읽기]

길벗스쿨 e클래스 에서 오디오 바로 듣기

eclass.gilbut.co.kr에서 학습에 필요한
모든 음원를 제공합니다.
오디오 번호를 찾아 한 번만 탭하면
단어와 스토리를 바로 들을 수 있어요.

학습의 재미를 더하는 스티커 활동!

그림 스티커를 붙이며 단어·문장을 익혀요.

Unit 1

Shapes at the Beach

STEP 1 읽기	STEP 2 이해	STEP 3 확장
핵심 단어를 익혀서 스토리 듣고 읽기	읽은 내용을 점검하며 스토리 이해하기	주제별 필수 어휘를 익혀서 어휘력 강화하기

Key Words

A 그림을 보며 단어를 잘 들어 보세요. 01

beach

sun

starfish

sail

towel

sign

Word Chant

단어를 하나씩 짚으며 단어챈트를 따라 말해 봐요. 02

B 영어 단어와 우리말 뜻을 연결하고, 단어를 따라 쓰세요.

1	sign	해변, 바닷가
2	beach	표지판
3	sail	불가사리
4	sun	수건, 타월
5	starfish	돛
6	towel	해, 태양

1 들으며 내용을 훑어보아요. 03 / 2 문장을 짚으며 잘 들어요. 04 / 3 한 줄씩 따라 읽어요. 05

Shapes at the Beach

★I see ... 나는 ~을 봐요, ~이 보여요

Look, I see a star.
It's a starfish from the sea!
PLANET EARTH
The starfish looks like a star. It's really cool!

I see a triangle!
It's a sail on a boat.
The boat goes fast!
Let's ride the boat.

★It looks like ... 그것은 ~처럼 생겼어요

No Aliens
It's a sign. It says "No Aliens."
I see a square!
Oh no, we're not welcome!

Story Check

A 그림에 알맞은 단어를 찾아 동그라미 하세요.

1

t d s u n e o m o o n o g f u n

2

w f m o u t h u c s i g n l y d

3

b e d f l o w e r n b e a c h w

4

s e e t s a i l t o t r a i n w

B 문장을 잘 듣고, 알맞은 그림에 번호를 쓰세요. 06

C 문장을 읽고 알맞은 그림과 연결하세요.

1 It feels soft. •

2 Here's a beach towel. •

3 Look, I see a star. •

• 

• 

• 

Speak & Write! 알맞은 단어를 넣어 문장을 소리 내어 읽은 다음, 써 보세요.

circle triangle

I see a ________. (나는 ~을 봐요.)

rectangle square

It looks like a ________. (그것은 ~처럼 생겼어요.)

D 그림과 문장이 일치하면 True, 일치하지 않으면 False에 동그라미 하세요.

1

I see a square.

True False

2

It's a starfish from the sea.

True False

3

The beach towel feels soft.

True False

4

It says "Welcome Aliens!"

True False

외계인은 태양을 보고 어떤 도형을 떠올렸나요?

☐ triangle ☐ circle ☐ rectangle ☐ star

E 들으며 빈칸을 채운 다음, 내용에 맞는 그림 스티커를 찾아 붙이세요. 07

1

A: We are at the b________!

B: What can we find?

C: Let's look around!

2

sticker

B: Look, I see a star.

A: It's a s________ from the sea!

C: The starfish looks like a star.

It's really cool!

3

sticker

A: Here's a beach t________!

B: It looks like a r________.

C: Let's sit on it.

4

sticker

B: I see a s________!

A: It's a sign. It says "No Aliens."

C: Oh no, we're not welcome!

towel	beach	rectangle	starfish	square

Theme Words

Shapes

도형으로 만든 로봇을 보며 단어를 잘 듣고 따라 쓰세요. 08

1. circle — c
2. star — s
3. square — s
4. rectangle — r
5. triangle — t
6. oval — o

◆ 다음 물건들은 어떤 모양인가요? 모양을 나타내는 단어를 써 보세요.

원형

cir ___ ___ ___

직사각형

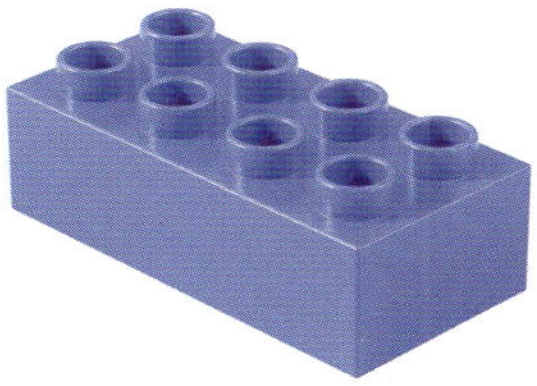

rec ___ ___ ___ gle

별 모양

___ ___ ar

삼각형

___ ___ ___ angle

정사각형

squ ___ ___ ___

타원형

o ___ ___ ___

What shapes do you see in your room?

여러분의 방에는 어떤 모양이 숨어 있나요?

I see a ______________________.
It's my ______________________.

I Can Read

Shapes at the Beach

I see a circle.

sticker

The sun feels so nice!

Look, I see a star.

sticker

The starfish looks like a star.

I see a triangle!

sticker

The boat goes fast!

Here's a beach **towel** .

sticker

Let's sit on it.

I see a square!

It's a **sign** . It says "No Aliens."

Oh no, we're not welcome!

Self-Check

- ☐ 스티커를 바르게 붙였어요.
- ☐ 주요 단어의 뜻을 잘 알아요.
- ☐ 막힘 없이 술술 읽었어요.

알맞은 문장 스티커를 붙여 글을 완성하고,
큰 소리로 읽어 보세요.
오디오를 들으며 잘 읽었는지 확인해 보세요. 09

Unit 2

We Are Alike and Different

STEP 1 읽기

핵심 단어를 익혀서
스토리 듣고 읽기

STEP 2 이해

읽은 내용을 점검하며
스토리 이해하기

STEP 3 확장

주제별 필수 어휘를 익혀서
어휘력 강화하기

Key Words

A 그림을 보며 단어를 잘 들어 보세요. 10

straight

curly

brown

glasses

read

paint

Word Chant

단어를 하나씩 짚으며 단어챈트를 따라 말해 봐요. 11

B 영어 단어와 우리말 뜻을 연결하고, 단어를 따라 쓰세요.

1	paint	● - - - - ●	채색하다
2	curly	● ●	갈색의
3	brown	● ●	곱슬곱슬한
4	read	● ●	안경
5	glasses	● ●	읽다
6	straight	● ●	곧은

We Are Alike and Different

Emma is my best friend.
We're alike and different.

★I have straight hair.
Emma has curly hair.

I have brown eyes.
Emma has blue eyes.

★I have ... 나는 ~을 가지고 있어요

I wear glasses.
Emma doesn't wear glasses.

I am tall.
Emma is a bit shorter than me.

★We both enjoy reading books.

We both enjoy playing hide-and-seek.

★ We (both) enjoy -ing 우리 (둘 다) ~하는 것을 좋아해요

We both enjoy painting.
We both love the same color!

We're alike and different.
But we are best friends.

Story Check

A 그림에 알맞은 단어를 찾아 동그라미 하세요.

1 

k b l u e s c u r l y n o f u r

2 

i f b r o w n u g r a y l i y b

3 

s e a r s n g l a s s e s o n o

4 

f t i r e a d b p a i n t t r y

B 문장을 잘 듣고, 알맞은 그림에 번호를 쓰세요. 15

C 알맞은 단어에 동그라미 하여 문장을 완성하세요.

1. I have brown eyes.
Emma has (blue / green) eyes.

2. I wear glasses.
Emma (does / doesn't) wear glasses.

3. We're alike and different.
But we are best (friends / sisters).

Speak & Write! 알맞은 단어를 넣어 문장을 소리 내어 읽은 다음, 써 보세요.

straight curly

I have ____________ hair. (내 머리카락은 ~해요.)

paint read

We both enjoy __________ing.
(우리는 둘 다 ~하는 것을 좋아해요.)

D 그림과 문장이 일치하면 True, 일치하지 않으면 False에 동그라미 하세요.

1

Emma has curly hair.

True False

2

We both enjoy jumping rope.

True False

3

Emma is a bit taller than me.

True False

4

We both enjoy reading books.

True False

'나'와 Emma가 둘 다 좋아하는 색깔은 무엇인가요?

☐ blue ☐ red ☐ yellow ☐ green

E 들으며 빈칸을 채운 다음, 내용에 맞는 그림 스티커를 찾아 붙이세요. 16

1

Emma is my best friend.
We're alike and d______ .

2

I have b______ eyes.
Emma has blue eyes.

3

I wear g______ .
Emma doesn't wear glasses.

4
sticker

We both enjoy r______ ing books.
"I like funny stories!"

5
sticker

We both enjoy p______ ing.
We both love the same color!

glasses	different	paint	brown	read

Theme Words

Describing

외모를 묘사하는 단어들을 잘 듣고, 단어를 따라 쓰세요. 17

1 curly

2 straight

3 blue

4 brown

5 tall

6 short

◆두 친구는 어떤 특징을 가지고 있나요? 알맞은 단어를 써 보세요.

c __ __ ly
곱슬곱슬한

str __ __ ght
곧은, 직선의

__ __ own
갈색의, 갈색

__ __ ue
파란, 파란색

t __ __ __
키가 큰

sh __ __ t
키가 작은

Describe your hair and eyes.

여러분의 머리카락과 눈은 어떤 특징을 갖고 있나요?

I have ______________ hair.
I have ______________ eyes.

I Can Read

We Are Alike and Different

I have straight hair.
Emma has curly hair.
I have brown eyes.

sticker

I wear glasses.
Emma doesn't wear glasses.
I am tall.

sticker

We both enjoy reading books.

sticker

We both enjoy playing hide-and-seek.
"You can't find me!"

We both enjoy painting.
We both love the same color!
"I love yellow."

sticker

Self-Check

- [ ] 스티커를 바르게 붙였어요.
- [ ] 주요 단어의 뜻을 잘 알아요.
- [ ] 막힘 없이 술술 읽었어요.

알맞은 문장 스티커를 붙여 글을 완성하고,
큰 소리로 읽어 보세요.
오디오를 들으며 잘 읽었는지 확인해 보세요. 18

Unit 3

Meet Some Bugs!

STEP 1 읽기
핵심 단어를 익혀서
스토리 듣고 읽기

STEP 2 이해
읽은 내용을 점검하며
스토리 이해하기

STEP 3 확장
주제별 필수 어휘를 익혀서
어휘력 강화하기

Key Words

A 그림을 보며 단어를 잘 들어 보세요. 19

bug

creepy

butterfly

stinger

pollen

firefly

Word Chant

단어를 하나씩 짚으며 단어챈트를 따라 말해 봐요. 20

B 영어 단어와 우리말 뜻을 연결하고, 단어를 따라 쓰세요.

1	firefly	나비
2	bug	벌레
3	butterfly	(곤충의) 침
4	pollen	반딧불이
5	creepy	꽃가루
6	stinger	소름 끼치는, 기분 나쁜

Meet Some Bugs!

★ There is ...
~가 있어요

There is a bug.
It even has a stinger.
HONEY
It's a bee.
Bees make honey for us.

★It looks ... 그것은 ~해 보여요

Is it a butterfly? It looks creepy.
That is not a butterfly. It's a moth. Moths spread pollen.

I see another bug,
a creepy bug.
It's a firefly.
Fireflies can make
light at night.

Don’t be afraid of bugs.
They’re helpful and interesting!

Story Check

A 그림에 알맞은 단어를 찾아 동그라미 하세요.

1 

s t i n g e r r e f l y o f u n

2 

r o l l n b u t t e r f l y u n

3 

b u g o n p o l l e n t o u n l

4 

s t i n g s o b u g r u g e t i

B 문장을 잘 듣고, 알맞은 그림에 번호를 쓰세요. 24

C 알맞은 단어에 동그라미 하여 문장을 완성하세요.

1

It's a (caterpillar / moth).
Moths spread pollen.

2

It even has a (light / stinger).

3

I see another bug, a creepy (bug / butterfly).

Speak & Write! 알맞은 단어를 넣어 문장을 소리 내어 읽은 다음, 써 보세요.

bee moth

There is a ________. (~가 있어요.)

creepy dirty

It looks ________. (그것은 ~해 보여요.)

D 그림과 문장이 일치하면 True, 일치하지 않으면 False에 동그라미 하세요.

1

Bees make honey for us.

True False

2

Moths can make light at night.

True False

3

The caterpillar will become a butterfly.

True False

4

Dung beetles spread pollen.

True False

밤에 빛을 내는 곤충은 무엇인가요?

☐ bee ☐ firefly ☐ moth ☐ caterpillar

E 들으며 빈칸을 채운 다음, 내용에 맞는 그림 스티커를 찾아 붙이세요. 25

1

Girl: There is a b________.

It looks so creepy.

Dad: It's a caterpillar.

It will become a b________.

2

sticker

Girl: There is a bug.

It even has a stinger.

Dad: It's a b________.

Bees make honey for us.

3

sticker

Girl: There is another bug.

It looks d________.

Dad: It's a dung beetle. Dung beetles roll and bury animal droppings.

4

sticker

Girl: I see another bug, a creepy bug.

Dad: It's a f________.

Fireflies can make light at night.

firefly	bug	dirty	bee	butterfly

Theme Words

Bugs

곤충의 이름을 잘 듣고, 단어를 따라 쓰세요. 26

1 butterfly

2 caterpillar

3 bee

4 firefly

6 dung beetle

5 ant

◆다음 곤충들의 이름은 무엇일까요? 단어를 써 보세요.

나비

bu __ __ er __ __ __

반딧불이

f __ __ __ fly

쇠똥구리

du __ __ bee __ __ __

애벌레

cat __ __ pi __ __ ar

벌

b __ __

개미

__ n __

Which bugs do you like?

여러분이 좋아하는 곤충은 무엇인가요?

I like ____________ and ____________.

I Can Read

Meet Some Bugs!

There is a bug.

It looks so creepy.

sticker

It will become a butterfly.

There is a bug.

It even has a stinger.

sticker

Bees make honey for us.

There is another bug.

It looks dirty.

sticker

Dung beetles roll and bury animal droppings.

I see another bug, a creepy bug.

sticker

Fireflies can make light at night.

Self-Check

- ☐ 스티커를 바르게 붙였어요.
- ☐ 주요 단어의 뜻을 잘 알아요.
- ☐ 막힘 없이 술술 읽었어요.

알맞은 문장 스티커를 붙여 글을 완성하고,
큰 소리로 읽어 보세요.
오디오를 들으며 잘 읽었는지 확인해 보세요. 27

Review Test 1

Words 그림에 맞는 단어를 찾아 쓰세요. / 10

glasses	sun	butterfly	straight	towel
beach	curly	firefly	sail	pollen

1  ____________

2  ____________

3  ____________

4  ____________

5  ____________

6  ____________

7  ____________

8  ____________

9  ____________

10  ____________

Comprehension A 문장을 읽고 알맞은 그림의 기호를 쓰세요.

/ 6

1 It's a starfish from the sea! ◯

2 I have brown eyes. ◯

3 It even has a stinger. ◯

4 Fireflies can make light at night. ◯

5 Emma is a bit shorter than me. ◯

6 It's a sail on a boat. ◯

Comprehension B 그림을 보고 알맞은 문장에 V 표시를 하세요.

/ 6

1

☐ We both enjoy painting.

☐ We both enjoy reading books.

2

☐ Emma wears glasses.

☐ Emma doesn't wear glasses.

3

☐ Moths spread droppings.

☐ Moths spread pollen.

4

☐ I see a square!

☐ I see a circle!

5

☐ It's a caterpillar.

☐ It's a dung beetle.

6

☐ It's the sun in the sky.

☐ It's a starfish from the sea.

정답 ▶ 별책 p.40

Theme Words 그림을 보고 알맞은 단어를 빈칸에 쓰세요.

/ 9

Shapes

1 
star

2 
c

3 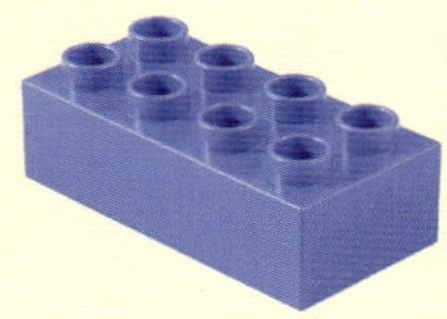
r

4 
t

Bugs

5 
b

6 
c

7 
ant

8 
b

Describing

9 
b

10 
b

11 
straight

12 
c

Unit 4

Guess What I Like

STEP 1 읽기
핵심 단어를 익혀서
스토리 듣고 읽기

STEP 2 이해
읽은 내용을 점검하며
스토리 이해하기

STEP 3 확장
주제별 필수 어휘를 익혀서
어휘력 강화하기

Key Words

A 그림을 보며 단어를 잘 들어 보세요. 28

sweet

sour

potato

salty

carrot

vegetable

Word Chant

단어를 하나씩 짚으며 단어챈트를 따라 말해 봐요. 29

B 영어 단어와 우리말 뜻을 연결하고, 단어를 따라 쓰세요.

	영어 단어	우리말 뜻
1	potato	(맛이) 단, 달콤한
2	sour	감자
3	sweet	채소
4	vegetable	(맛이) 신, 시큼한
5	salty	당근
6	carrot	(맛이) 짠, 짭짤한

1 들으며 내용을 훑어보아요. 30 | 2 문장을 짚으며 잘 들어요. 31 | 3 한 줄씩 따라 읽어요. 32

Guess What I Like

I don't like tomatoes.

But I love ketchup.

★It's sweet and sour.

I put it on my hot dogs.

★It's (맛을 표현하는 형용사). 그것은 (맛이) ~해요

★I don't like potatoes.

But I love fries.
They're salty and crispy.
I eat them with ketchup!

★I don't like ... 나는 ~을 좋아하지 않아요

I don’t like carrots.

But I love carrot cake.
It’s sweet and soft.
I could eat it every day.

I don't like corn.
But I love popcorn.
It's salty and fun to pop.

I can't stop eating it.

I don't like onions.
But I love onion rings.

They're crunchy and
so much fun to eat.

Mom says, "You love vegetables after all! Surprised?"

Story Check

A 그림에 알맞은 단어를 찾아 동그라미 하세요.

1 

z w d s a l t y m o f r i e s d

2 

e t o m a t o e c a r r o t y l

3 

u o c e s w e e t s a l t y s o

4 

r h s u i v e g e t a b l e f l

B 문장을 잘 듣고, 알맞은 그림에 번호를 쓰세요. 33

C 알맞은 단어에 동그라미 하여 문장을 완성하세요.

I don't like (carrots / potatoes).

I love fries.
They're salty and (soft / crispy).

I love ketchup.
I put it on my (cake / hot dogs).

Speak & Write! 알맞은 단어를 넣어 문장을 소리 내어 읽은 다음, 써 보세요.

tomatoes corn

I don't like ________. (나는 ~을 좋아하지 않아요.)

salty and crispy
sweet and soft

It's ________. (그것은 맛이 ~해요.)

D 그림과 문장이 일치하면 True, 일치하지 않으면 False에 동그라미 하세요.

1

I like tomatoes.

True | False

2

Ketchup is sweet and sour.

True | False

3

Onion rings are crunchy.

True | False

4

I don't like popcorn.

True | False

주인공이 좋아한 Ketchup은 어떤 채소로 만들어졌나요?

☐ corn ☐ carrots ☐ tomatoes ☐ potatoes

E 들으며 빈칸을 채운 다음, 내용에 맞는 그림 스티커를 찾아 붙이세요. 34

1

sticker

I don't like potatoes.
But I love fries.
They're s________ and crispy.
I eat them with ketchup!

2

sticker

I don't like carrots.
But I love c________ cake.
It's sweet and soft.
I could eat it every day.

3

sticker

I don't like c________.
But I love popcorn.
It's salty and fun to p________.
I can't stop eating it.

4

Mom says, "You love v________
after all! Surprised?"

pop	vegetables	corn	carrot	salty

Theme Words

Vegetables

다양한 채소 단어들을 잘 듣고, 단어를 따라 쓰세요. 35

1 carrot

2 broccoli

3 lettuce

4 corn

6 onion

5 tomato

◆ 다음 채소들의 이름은 무엇일까요? 단어를 써 보세요.

양상추

l ttu

옥수수

or

토마토

ma

브로콜리

cco

당근

car

양파

o on

What vegetables do you like?

여러분은 어떤 채소를 좋아하나요?

I like ______________ and ______________.

I Can Read

Guess What I Like

I don't like tomatoes.

sticker

It's sweet and sour.

I put it on my hot dogs.

I don't like potatoes.

sticker

They're salty and crispy.

I eat them with ketchup!

I don't like carrots.

sticker

It's sweet and soft.

I could eat it every day.

I don't like corn.

sticker

It's salty and fun to pop.

I can't stop eating it.

Self-Check

- ☐ 스티커를 바르게 붙였어요.
- ☐ 주요 단어의 뜻을 잘 알아요.
- ☐ 막힘 없이 술술 읽었어요.

알맞은 문장 스티커를 붙여 글을 완성하고,
큰 소리로 읽어 보세요.
오디오를 들으며 잘 읽었는지 확인해 보세요. 36

Unit 5

Ready for the Rain

읽기

STEP 1

핵심 단어를 익혀서 스토리 듣고 읽기

이해

STEP 2

읽은 내용을 점검하며 스토리 이해하기

확장

STEP 3

주제별 필수 어휘를 익혀서 어휘력 강화하기

Key Words

A 그림을 보며 단어를 잘 들어 보세요. 37

rain

umbrella

raincoat

stripes

rain boots

stop

Word Chant

단어를 하나씩 짚으며 단어챈트를 따라 말해 봐요. 38

B 영어 단어와 우리말 뜻을 연결하고, 단어를 따라 쓰세요.

1	rain boots		우산
2	stop		멈추다
3	umbrella		장화
4	rain		줄무늬
5	raincoat		비, 비가 오다
6	stripes		우비

Ready for the Rain

It's raining outside.
I want to go out.
Let's get ready!

★I like this umbrella.
It has many stars on it.
It makes me feel special!

★ I like this ... 나는 이 ~을 좋아해요

I like this raincoat.
It has many flowers on it.
★It makes me feel happy!

★It makes me feel ... 그것은 나를 ~하게(감정) 느끼게 해요

I like this bag.
It has many stripes on it.
It makes me feel cool!

I like these rain boots.
They have bunnies on them.
They make me feel like jumping!

I look in the mirror.

Oh, the rain stopped!

But that's okay.

I'm still happy.

Story Check

A 그림에 알맞은 단어를 찾아 동그라미 하세요.

1 

r e i n s w a r a i n c o a t o g

2 

f l o w e r w s t r i p e s y t

3 

g o b a c k s t o p s t a r t i

4 

g w z u m b r e l l a n g b l u

B 문장을 잘 듣고, 알맞은 그림에 번호를 쓰세요. 42

C 문장을 읽고 알맞은 그림과 연결하세요.

1 I like this raincoat. •

2 I look in the mirror.
Perfect! •

3 Oh, the rain stopped! •

• 

• 

• 

Speak & Write! 알맞은 단어를 넣어 문장을 소리 내어 읽은 다음, 써 보세요.

bag umbrella

I like this ______________. (나는 이 ~을 좋아해요.)

happy bored

It makes me feel ______________.
(그것은 내가 ~하게 느끼게 해요.)

D 문장을 읽고, 이야기 순서에 맞는 그림의 기호를 쓰세요.

a

b

c

d

◯ It's raining outside. I want to go out.

⬇

◯ I like this umbrella. It has many stars on it.

⬇

◯ I like these rain boots. They have bunnies on them.

⬇

◯ Oh, the rain stopped! But it's okay.

비가 올 때 주인공은 무엇을 챙기나요? 모두 골라 보세요.

☐ umbrella ☐ glasses ☐ raincoat

E 들으며 빈칸을 채운 다음, 내용에 맞는 그림 스티커를 찾아 붙이세요. 43

1

sticker

It's r______ ing outside.
I want to go out.
Let's get ready!

2

I like this r______ .
It has many flowers on it.
It makes me feel happy!

3

sticker

I like this b______ .
It has many stripes on it.
It makes me feel c______ !

4

sticker

Oh, the rain stopped!
But it's okay.
I'm still h______ .

bag	raincoat	cool	happy	rain

Theme Words

Going Out

외출할 때 입거나 가지고 나가는 것들이에요. 단어를 잘 듣고 따라 쓰세요. 44

1. umbrella
2. backpack
3. jacket
4. rain boots
5. jeans
6. socks

◆그림을 보고 알맞은 단어를 써 보세요.

청바지

__ ea __ __

양말

__ o __ __ s

우산

u __ bre __ __ a

재킷

j __ ck __ __

장화

r __ __ n b __ __ ts

책가방

back __ __ __ __

What do you like to wear often?

여러분은 어떤 옷을 즐겨 입나요?

I like to wear ____________________.

I Can Read

Ready for the Rain

It's raining outside.

I want to go out.

Let's get ready!

I like this umbrella .

sticker

It makes me feel special!

I like this raincoat .

sticker

It makes me feel happy!

I like this bag .

sticker

It makes me feel cool!

I like these rain boots .

sticker

They make me feel like jumping!

Self-Check

- ☐ 스티커를 바르게 붙였어요.
- ☐ 주요 단어의 뜻을 잘 알아요.
- ☐ 막힘 없이 술술 읽었어요.

알맞은 문장 스티커를 붙여 글을 완성하고,
큰 소리로 읽어 보세요.
오디오를 들으며 잘 읽었는지 확인해 보세요. 45

Unit 6

Who Takes the Bus?

STEP 1 읽기	STEP 2 이해	STEP 3 확장
핵심 단어를 익혀서 스토리 듣고 읽기	읽은 내용을 점검하며 스토리 이해하기	주제별 필수 어휘를 익혀서 어휘력 강화하기

Key Words

A 그림을 보며 단어를 잘 들어 보세요. 46

travel

bus

school

subway

picnic

airplane

Word Chant

단어를 하나씩 짚으며 단어챈트를 따라 말해 봐요. 47

B 영어 단어와 우리말 뜻을 연결하고, 단어를 따라 쓰세요.

	영어 단어	우리말 뜻
1	airplane	버스
2	bus	여행하다, 이동하다
3	subway	학교
4	travel	비행기
5	picnic	소풍
6	school	지하철

Who Takes the Bus?

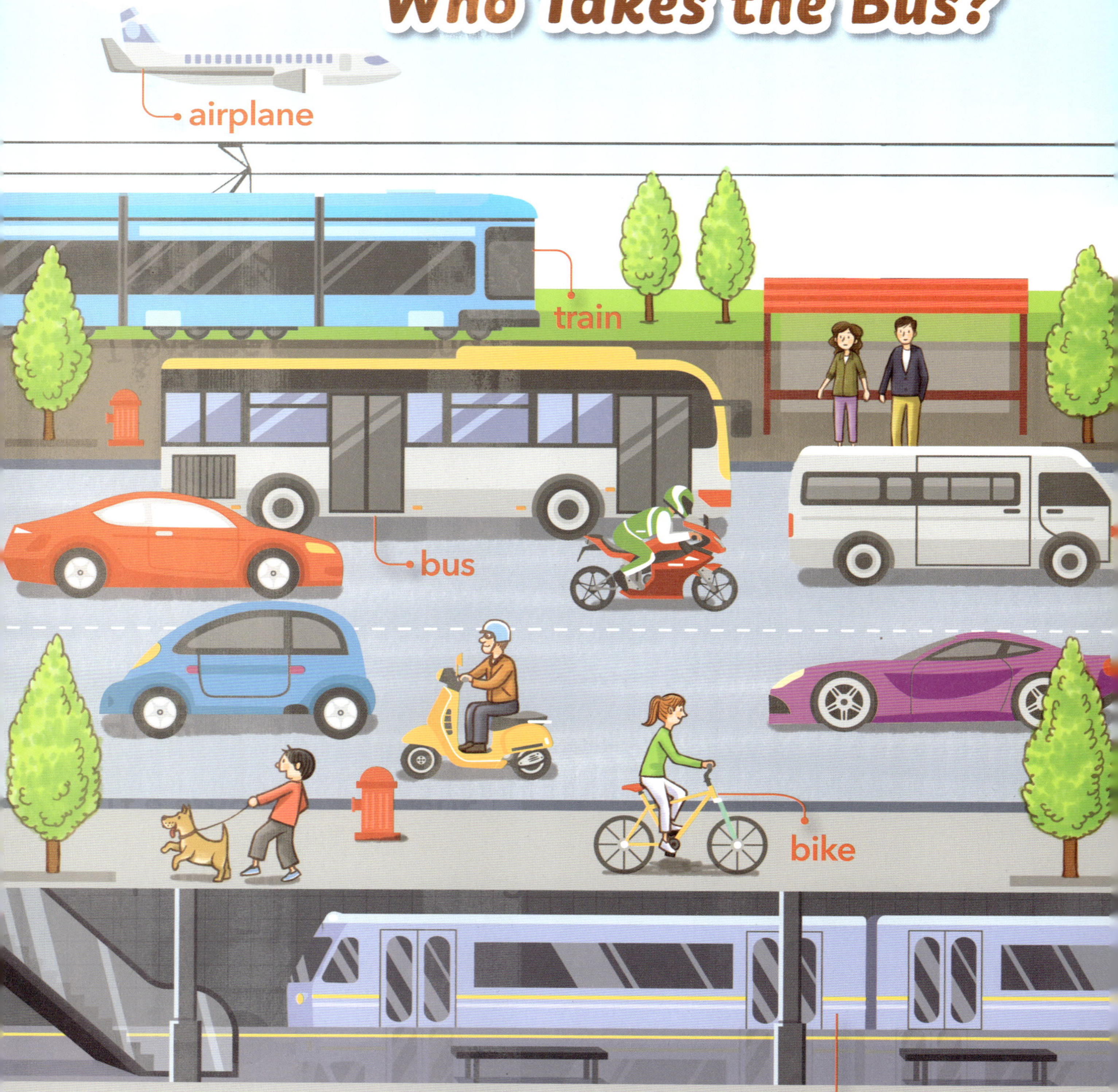

How do you get around?

People use different ways to travel.

★Who takes the bus?
My brother does.
He goes to school by bus.
The bus is big and cool.

★Who takes (탈 것)? 누가 ~을 타나요?

Who takes the subway?

My dad does.

He goes to work by subway.

The subway runs very fast.

Who takes the train?
My family does.
We go on a picnic by train.
It's fun to look outside.

Who takes an airplane?

My uncle does.

He travels abroad by airplane.

An airplane can take you anywhere!

Who rides a bike?

I do!

★I go to the park by bike.

Look at my bike!

It's the best.

★I go to ... by ~ 나는 ~을 타고 …에 가요

Story Check

A 그림에 알맞은 단어를 찾아 동그라미 하세요.

1 

t d s f l y p w a l k o b u s d

2 

s u b w a y s c h o o l m e w z

3 

s p i c n i c a w o r k s t o p

4 

a i r p l a n e b u s s e t w k

B 문장을 잘 듣고, 알맞은 그림에 번호를 쓰세요. 51

C 문장을 읽고 알맞은 그림과 연결하세요.

1 He goes to school by bus.

2 We go on a picnic by train.

3 He travels abroad by airplane.

Speak & Write! 알맞은 단어를 넣어 문장을 소리 내어 읽은 다음, 써 보세요.

airplane
subway

Who takes the ________? (누가 ~을 타나요?)

park, bike
work, subway

I go to the ________ by ________.
(나는 ~을 타고 …에 가요.)

D 그림과 문장이 일치하면 True, 일치하지 않으면 False에 동그라미 하세요.

1

He goes to work by bike.

True | False

2

The subway runs very fast.

True | False

3

He goes to school by airplane.

True | False

4

I go to the park by bike.

True | False

주인공의 오빠는 무엇을 타고 학교에 가나요?

☐ bus ☐ airplane ☐ bike ☐ train

E 들으며 빈칸을 채운 다음, 내용에 맞는 그림 스티커를 찾아 붙이세요. 52

1

Who takes the bus?
My brother does.
He goes to school by b________.
The bus is big and cool.

2

sticker

Who takes the subway?
My dad does.
He goes to work by s________.
The subway runs very fast.

3

sticker

Who takes the train?
My f________ does.
We go on a picnic by t________.
It's fun to look outside.

4

sticker

Who takes an airplane?
My uncle does.
He travels abroad by a________.
An airplane can take you anywhere!

subway	bus	family	airplane	train

Theme Words

Transportation

교통수단 단어들을 잘 듣고, 단어를 따라 쓰세요. 53

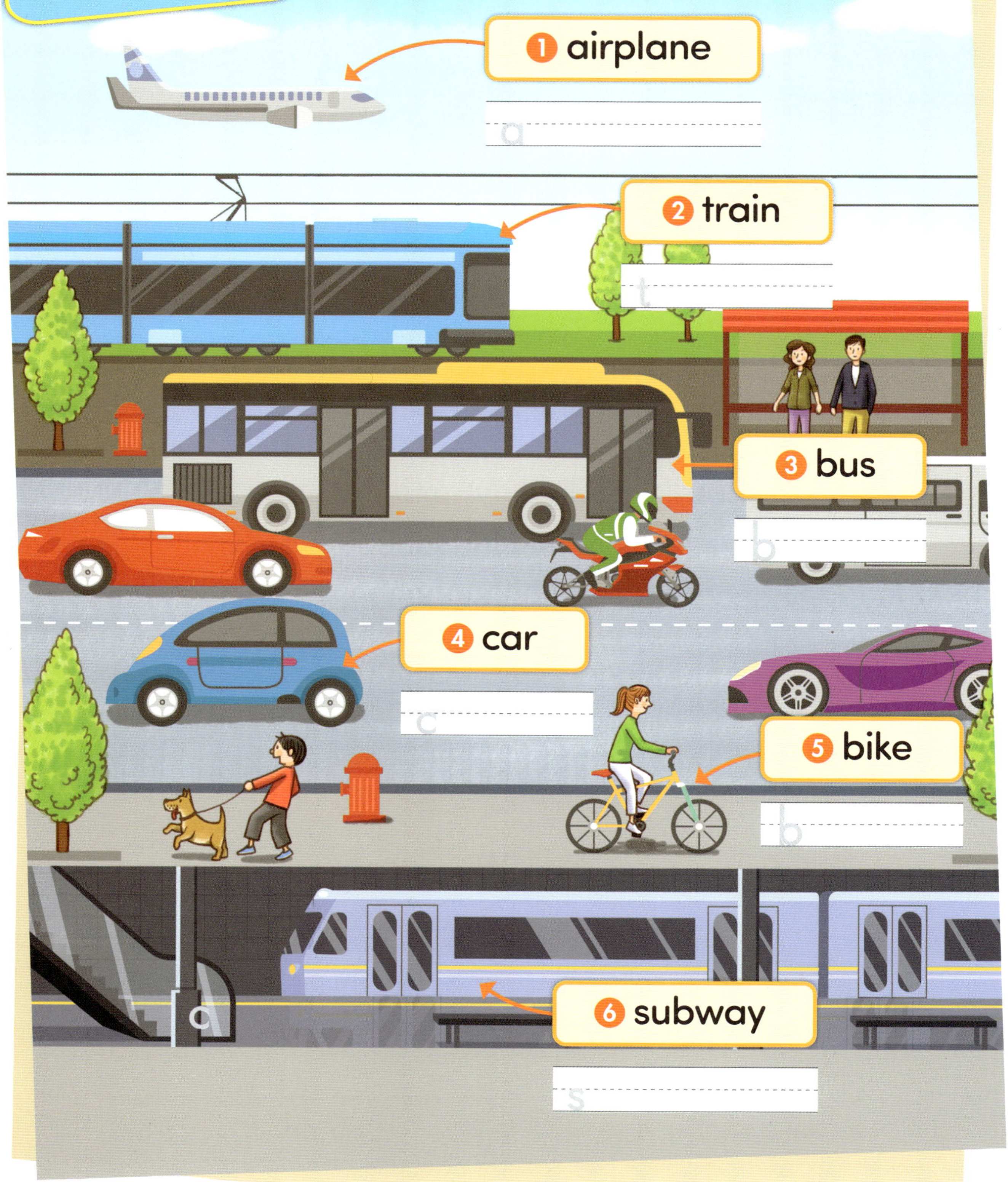

◆사람들이 어떤 교통수단을 이용하고 있나요? 단어를 써 보세요.

버스

_ u _

기차

tr _ _ n

자전거

_ _ ke

비행기

air _ _ _ ne

지하철

sub _ _ _

자동차

c _ _

How do you go to school?

여러분은 학교에 갈 때 무엇을 타고 가나요?

☐ I go to school by ______________________.

☐ I walk to school.

I Can Read

Who Takes the Bus?

Who takes the bus  ?

My brother does.

sticker

Who takes the subway?

My dad does.

sticker

Who takes the train?

My family does.

We go on a picnic  by train.

sticker

My uncle does.

He travels  abroad by airplane.

sticker

I do!

I go to the park by bike.

Self-Check

- ☐ 스티커를 바르게 붙였어요.
- ☐ 주요 단어의 뜻을 잘 알아요.
- ☐ 막힘 없이 술술 읽었어요.

😊 알맞은 문장 스티커를 붙여 글을 완성하고,
큰 소리로 읽어 보세요.
오디오를 들으며 잘 읽었는지 확인해 보세요. 54

Review Test ❷

Words 그림에 맞는 단어를 찾아 쓰세요.

/ 10

umbrella   sour   picnic   bus   salty
carrot   raincoat   rain boots   subway   school

1  ______________

2  ______________

3  ______________

4  ______________

5  ______________

6  ______________

7  ______________

8  ______________

9  ______________

10 

____

Comprehension A 문장을 읽고 알맞은 그림의 기호를 쓰세요.

/ 6

1 The bag has many stripes. ( )

a

b

2 My dad goes to work by subway. ( )

a

b

3 I don’t like carrots. ( )

a

b

4 Popcorn is salty and fun to pop. ( )

5 I like this raincoat. ( )

6 We go on a picnic by train. ( )

a

b

c

Comprehension B 그림을 보고 알맞은 문장에 V 표시를 하세요.

/ 6

1 

- ☐ My uncle travels abroad by airplane.
- ☐ My uncle travels abroad by bike.

2 

- ☐ It's sunny outside.
- ☐ It's raining outside.

3 

- ☐ Ketchup is sweet and sour.
- ☐ Ketchup is salty and crispy.

4 

- ☐ Who takes the bus?
- ☐ Who takes the subway?

5
- ☐ I don't like potatoes.
- ☐ I like potatoes.

6
- ☐ That's bad. I'm sad.
- ☐ That's okay. I'm still happy.

정답 ▶ 별책 p.40

Theme Words 그림을 보고 알맞은 단어를 빈칸에 쓰세요.

/ 9

Going Out

1 
jacket

2 
b

3 
s

4 
u

Transportation

5 
train

6 
b

7 
c

8 
a

Vegetables

9 
t

10 
b

11 
onion

12 
l

GREAT
JOB!

저자 C2 Archive (대표 Olene Kim)

지난 20여 년간 영어라는 언어를 어린이들이 어려움 없이 단계적으로 습득해갈 수 있도록 효과적인 교수법을 연구하여 다양한 교재로 구현해 온 영어교육 전문 집필진입니다. 파닉스, 리딩, 코스북, 문법 등 여러 분야의 ELT 교재와 영어 단행본 학습서를 집필·개발하였습니다.

저자 기적학습연구소

"혼자서 작은 산을 넘는 아이가 나중에 큰 산도 넘습니다." 본 연구소는 아이들이 혼자서 큰 산까지 넘을 수 있는 힘을 키워주고자 합니다. 아이들의 연령에 맞게 학습의 산을 작게 만들어 혼자서도 쉽게 넘을 수 있게 만듭니다. 때로는 작은 고난도 경험하게 하여 성취감도 맛보게 합니다. 그리고 아이들에게 실제로 적용해서 검증을 통해 차근차근 책을 만듭니다.

기적의 영어리딩 Level 2A

Miracle Series – Reading English

초판 1쇄 인쇄 • 2025년 11월 15일

지은이 • C2 Archive, 기적학습연구소

발행인 • 이종원
발행처 • (주)길벗스쿨
출판사 등록일 • 2025년 5월 28일 | **주소** • 서울시 마포구 월드컵로 10길 56(서교동) | **대표 전화** • 02)332-0931 | **팩스** • 02)323-0586
홈페이지 • www.gilbutschool.co.kr | **이메일** • gilbut@gilbut.co.kr

담당편집 • 이경희(natura@gilbut.co.kr), 최주연, 김예지, 유서현 | **기획** • 이경희, 김남희, 박민혜 | **영문 감수** • Ryan P. Lagace | **디자인** • 이현숙 | **제작** • 손일순
영업마케팅 • 문세연, 박선경, 구혜지, 박다슬 | **웹마케팅** • 박달님, 이재윤, 이지수, 나혜연 | **영업관리** • 정경화 | **독자지원** • 윤정아
전산편집 • 연디자인 | **삽화** • 삼식이, 유정연, 박소현, 윤지현, 백정석, 이나영 | **인쇄** • 영림인쇄 | **제본** • 영림제본 | **녹음** • 아람 멀티미디어

Photo Credits
해당 이미지는 Shutterstock.com의 라이선스 하에 사용되었습니다.
p.22 (BNP Design Studio) p.38 (StoryTime Studio, Petrenko Andriy, Pixel-Shot) p.39 (Veyselcelikdemir) p.54 (Soungeun) p.74 (sadecestock) p.90 (Pixel-Shot, Roman Samborskyi, Just dance) p.96 (Macrovector) p.97 (Regien Paassen) p.98 (Markus Mainka) p.99 (Wire Stock Creators) p.100 (Picturesque.in) p.101 (sevenke) p.107 (Inside Creative House, hedgehog94, Volodymyr TVERDOKHLIB, Lopolo, PeopleImages, maxbelchenko)

ISBN 979-11-7467-047-2 64740 (길벗 도서번호 30614)
정가 17,000원

제 품 명 : 기적의 영어리딩 2A
제조사명 : 길벗스쿨
제조국명 : 대한민국
전화번호 : 02-332-0931
주 소 : 서울시 마포구 월드컵로 10길 56 (서교동)
제조년월 : 판권에 별도 표기
사용연령 : **8세 이상**
KC마크는 이 제품이 공통안전기준에 적합하였음을 의미합니다.

기적 영어 학습서

기본이 탄탄! 실전에서 척척!
유초등 필수 영어능력을 길러주는 코어 학습서

유아 영어

재미있는 액티비티가 가득한
4~6세를 위한 영어 워크북

4세 이상 | 5세 이상 | 6세 이상 | 6세 이상

파닉스 완성 프로그램

알파벳 음가 ➜ 사이트워드
➜ 읽기 연습까지!
리딩을 위한 탄탄한 기초 만들기

6세 이상 전 3권 | 1~3학년 | 1~3학년 전 3권

영어 단어

영어 실력의 가장 큰 바탕은 어휘력!
교과과정 필수 어휘 익히기

3학년 이상 전 2권 | 1~2학년 전 2권 | 3~4학년 전 2권 | 5~6학년 전 2권

영어 리딩

패턴 문장 리딩으로 시작해
정확한 해석을 위한 끊어 읽기까지!
탄탄한 독해 실력 쌓기

2~3학년 전 3권 | 3~4학년 전 3권 | 4~5학년 전 2권 | 5~6학년 전 2권 | 5~6학년 전 2권

영어 라이팅

저학년은 패턴 영작으로,
고학년은 5형식 문장 만들기 연습으로
튼튼한 영작 실력 완성

2학년 이상 전 4권 | 4학년 이상 전 5권 | 5학년 이상 전 2권 | 6학년 이상

영어일기

한 줄 쓰기부터 생활일기,
주제일기까지!
영어 글쓰기 실력을 키우는 시리즈

3학년 이상 | 4~5학년 | 5~6학년

영문법

중학 영어 대비, 영어 구사
정확성을 키워주는 영문법 학습

4~5학년 전 2권 | 5~6학년 전 3권 | 6학년 이상

초등 필수 영어 무작정 따라하기

초등 시기에 놓쳐서는 안 될 필수 학습은 바로 영어 교과서!
영어 교과서 5종의 핵심 내용을 쏙쏙 뽑아 한 권으로 압축 정리했습니다.
초등 과정의 필수학습으로 기초를 다져서 중학교 및 상위 학습의 단단한 토대가 되게 합니다.

1~2학년

2~3학년

2~3학년

3학년 이상

4학년 이상

미국교과서 리딩

문제의 차이가 영어 실력의 차이! 논픽션 리딩에 강해지는 《미국교과서 READING》
논픽션 리딩에 가장 좋은 재료인 미국 교과과정의 주제를 담은 지문을 읽고, 독해력과
문제 해결력을 두루 향상시킬 수 있도록 구성한 단계별 리딩 프로그램

LEVEL 1

준비 단계

LEVEL 2

시작 단계

LEVEL 3

정독 연습 단계

LEVEL 4

독해 정확성 향상 단계

LEVEL 5

독해 통합심화 단계

2A

짧은 문장 읽기
AR 0.7~1.5

기적의 영어리딩

with 주제 어휘

Practice Book

(정답과 해석 포함)

길벗스쿨

기적의 영어리딩 2A

Practice Book

(정답과 해석 포함)

Unit 1 Shapes at the Beach

Word

▸ 단어를 세 번씩 따라 쓰며 철자와 뜻을 익혀 보세요.

1

beach 해변, 바닷가

2

sail 돛

3

sign 표지판

4

starfish 불가사리

5

sun 해, 태양

6

towel 수건, 타월

▸ 문장을 잘 듣고 빈칸에 알맞은 단어를 써넣으세요.

sail rectangle sun towel
beach welcome starfish

P1.mp3

1. We are at the ______ ! 우리는 해변에 있어!

2. It's the ______ in the sky. 그건 하늘에 있는 태양이야.

3. It's a ______ from the sea! 그건 바다에서 온 불가사리야!

4. It's a ______ on a boat. 그건 배에 있는 돛이야.

5. Here's a beach ______ . 여기 비치 타월이 있어.

6. It looks like a ______ . 이건 직사각형처럼 보여.

7. Oh no, we're not ______ ! 오 안돼, 우리를 환영하지 않는다네!

▸ 알맞은 단어에 동그라미 한 다음, 전체 문장을 따라 쓰세요.

1. I see a (triangle / circle). 난 동그라미가 보여.

2. The (sun / moon) feels so nice! 해가 아주 기분 좋게 느껴져!

3. The (starfish / fish) looks like a star. 불가사리는 별처럼 보여.

4. The boat goes (slow / fast)! 배는 빨리 가!

5. It feels (soft / hard). 이건 부드러워.

6. Oh no, we're not (welcome / nice)! 오 안돼, 우리를 환영하지 않는다네!

Shapes ▸ 그림에 알맞은 단어에 동그라미 한 다음, 단어를 따라 쓰세요.

1

circle | rectangle

2

sun | star

3

rectangle | square

4
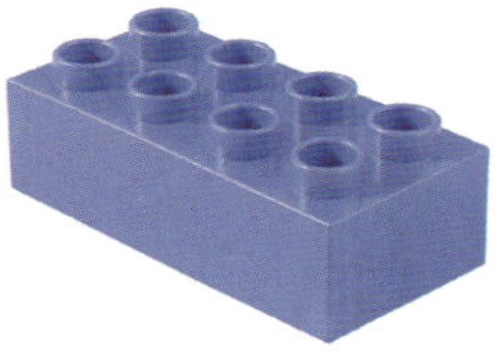

triangle | rectangle

5

triangle | star

6

oval | circle

▸ 단어를 세 번씩 따라 쓰며 철자와 뜻을 익혀 보세요.

1 

brown 갈색의

2 

curly 곱슬곱슬한

3 

paint 채색하다

4 

glasses 안경

5 

read 읽다

6 

straight 곧은

▸ 문장을 잘 듣고 빈칸에 알맞은 단어를 써넣으세요.

blue funny straight glasses friend same yellow

P2.mp3

1. Emma is my best ______. 엠마는 나의 가장 친한 친구예요.

2. I have ______ hair. 나는 생머리예요.

3. Emma has ______ eyes. 엠마는 파란색 눈이에요.

4. I wear ______. 나는 안경을 써요.

5. I like ______ stories! 나는 웃긴 이야기들이 좋아!

6. We both love the ______ color! 우리는 둘 다 같은 색을 아주 좋아해요!

7. I love ______ too! 나도 노란색 좋아해!

▸ 알맞은 단어에 동그라미 한 다음, 전체 문장을 따라 쓰세요.

1 We're alike and (different / same). 우리는 비슷하기도 하고 다르기도 해요.

2 Emma has (straight / curly) hair. 엠마는 곱슬머리예요.

3 I have (brown / yellow) eyes. 나는 갈색 눈이에요.

4 Emma is a bit (shorter / taller) than me. 엠마는 나보다 키가 조금 작아요.

5 We both enjoy (reading / watching) books. 우리는 둘 다 책읽기를 즐겨요.

6 We both (hate / enjoy) playing hide-and-seek. 우리는 둘 다 숨바꼭질을 즐겨요.

Describing ▸ 그림에 알맞은 단어에 동그라미 한 다음, 단어를 따라 쓰세요.

1

blue yellow

2

brown green

3

curly straight

4

straight curly

5

tall short

6

short tall

▸ 단어를 세 번씩 따라 쓰며 철자와 뜻을 익혀 보세요.

1 

bug 벌레

2 

butterfly 나비

3 

creepy 소름 끼치는, 기분 나쁜

4 

firefly 반딧불이

5 

pollen 꽃가루

6 

stinger (곤충의) 침

▸ 문장을 잘 듣고 빈칸에 알맞은 단어를 써넣으세요.

creepy dirty honey bug
butterfly afraid firefly

P3.mp3

1. There is a ________ . 벌레가 있어요.

2. It looks so ________ . 그것은 아주 징그러워 보여요.

3. Bees make ________ for us. 벌들은 우리에게 꿀을 만들어주지.

4. It looks ________ . 그것은 더러워 보여요.

5. That is not a ________ . 저것은 나비가 아니란다.

6. It's a ________ . 그것은 반딧불이야.

7. Don't be ________ of bugs. 벌레들을 무서워하지 마.

▸ 알맞은 단어에 동그라미 한 다음, 전체 문장을 따라 쓰세요.

1. It's a (caterpillar / butterfly). 그것은 애벌레란다.

2. It even has a (pollen / stinger). 그것은 심지어 침이 있어요.

3. Moths (roll / spread) pollen. 나방은 꽃가루를 퍼트린단다.

4. Is it a (bee / butterfly)? 그것은 나비인가요?

5. I see another bug, a (dirty / creepy) bug. 또 다른 벌레가 보여요, 징그러운 벌레요.

6. Fireflies can make (light / honey) at night. 반딧불이는 밤에 빛을 만들 수 있단다.

Bugs ▸ 그림에 알맞은 단어에 동그라미 한 다음, 단어를 따라 쓰세요.

1

bee | ant

2

dung beetle | firefly

3

caterpillar | butterfly

4

ant | butterfly

5

bee | dung beetle

6

firefly | caterpillar

Unit 4 Guess What I Like

Word

▸ 단어를 세 번씩 따라 쓰며 철자와 뜻을 익혀 보세요.

carrot 당근

potato 감자

salty (맛이) 짠, 짭짤한

sour (맛이) 신, 시큼한

sweet (맛이) 단, 달콤한

vegetable 채소

▸ 문장을 잘 듣고 빈칸에 알맞은 단어를 써넣으세요.

stop	sour	vegetable	tomato
onion	salty	carrot	

P4.mp3

1. I don't like ______es. 나는 토마토를 안 좋아해요.
2. It's sweet and ______. 그것은 달콤하고 시큼해요.
3. They're ______ and crispy. 그것들은 짭짤하고 바삭바삭해요.
4. But I love ______ cake. 하지만 나는 당근 케이크를 좋아해요.
5. I can't ______ eating it. 나는 그것을 먹는 걸 멈출 수 없어요.
6. I don't like ______s. 나는 양파를 안 좋아해요.
7. You love ______s after all! 결국 넌 채소를 진짜 좋아하네!

▸ 알맞은 단어에 동그라미 한 다음, 전체 문장을 따라 쓰세요.

1 I don't like (tomatoes / potatoes). 나는 감자를 안 좋아해요.

2 It sweet and (soft / hard). 그것은 달콤하고 부드러워요.

3 I could eat it (many / every) day. 나는 그것을 매일 먹을 수 있을 것 같아요.

4 I don't like (corn / carrots). 나는 옥수수를 안 좋아해요.

5 It's (salty / crispy) and fun to pop. 그것은 짭짤하고 톡톡 터지는 게 재밌어요.

6 They're (soft / crunchy) and so much fun to eat.
그것들은 바삭바삭하고 먹는 재미가 있어요.

Vegetables ▸ 그림에 알맞은 단어에 동그라미 한 다음, 단어를 따라 쓰세요.

1

carrot tomato

2

lettuce onion

3

corn carrot

4

onion broccoli

5

broccoli onion

6

corn carrot

Word

▸ 단어를 세 번씩 따라 쓰며 철자와 뜻을 익혀 보세요.

1

rain 비, 비가 오다

2

rain boots 장화

3

raincoat 우비

4

stop 멈추다

5

stripes 줄무늬

6

umbrella 우산

▸ 문장을 잘 듣고 빈칸에 알맞은 단어를 써넣으세요.

mirror	rain boots	umbrella	stop
stripes	special	raincoat	

P5.mp3

1. I like this ________ . 나는 이 우산이 좋아요.
2. It makes me feel ________ ! 이것은 내가 특별하다고 느끼게 해줘요!
3. I like this ________ . 나는 이 비옷이 좋아요.
4. It has many ________ on it. 이것엔 줄무늬가 많이 있어요.
5. I like these ________ . 나는 이 장화가 좋아요.
6. I look in the ________ . 나는 거울을 들여다봐요.
7. Oh, the rain ________ ped! 오, 비가 멈췄어요!

▸ 알맞은 단어에 동그라미 한 다음, 전체 문장을 따라 쓰세요.

1. It's (raining / sunny) outside. 밖에 비가 오고 있어요.

2. It has many (triangles / stars) on it. 이것엔 별 모양이 많이 있어요.

3. It makes me feel (happy / sad)! 이것은 나를 기분 좋게 만들어 줘요!

4. It makes me feel (special / cool)! 이것은 내가 멋지다고 느끼게 해줘요!

5. They have (bunnies / turtles) on them. 그것들에는 토끼들이 붙어 있어요.

6. They make me feel like (jumping / swimming)!
그것들은 나를 뛰고 싶게 만들어요!

Going Out ▸ 그림에 알맞은 단어에 동그라미 한 다음, 단어를 따라 쓰세요.

1

rain boots jacket

2

umbrella backpack

3

socks jeans

4

jacket socks

5

umbrella jacket

6

backpack jeans

▸ 단어를 세 번씩 따라 쓰며 철자와 뜻을 익혀 보세요.

1

airplane 비행기

2

bus 버스

3

picnic 소풍

4

school 학교

5

subway 지하철

6

travel 여행하다, 이동하다

▸ 문장을 잘 듣고 빈칸에 알맞은 단어를 써넣으세요.

bus	airplane	subway	bike
train	travel	school	

P6.mp3

1. People use different ways to ________ .
   사람들은 각각 다른 방법으로 이동해요.

2. Who takes the ________ ? 누가 버스를 타나요?

3. He goes to ________ by bus. 그는 버스를 타고 학교에 가요.

4. The ________ runs very fast. 지하철은 아주 빨리 달려요.

5. Who takes the ________ ? 누가 기차를 타나요?

6. He travels abroad by ________ .
   그는 비행기를 타고 해외로 여행을 가요.

7. I go to the park by ________ . 나는 자전거를 타고 공원에 가요.

▸ 알맞은 단어에 동그라미 한 다음, 전체 문장을 따라 쓰세요.

1 Who takes the (subway / train)? 누가 기차를 타나요?

2 He goes to work by (airplane / subway). 그는 지하철을 타고 출근해요.

3 We go on a (picnic / park) by train. 우리는 기차를 타고 소풍을 가요.

4 Who takes an (subway / airplane)? 누가 비행기를 타나요?

5 An (airplane / bus) can take you anywhere!
비행기는 당신을 어디든 데려다 줄 수 있어요!

6 Who rides a (train / bike)? 누가 자전거를 타나요?

Transportation ▸ 그림에 알맞은 단어에 동그라미 한 다음, 단어를 따라 쓰세요.

1 

bike airplane

2 

train subway

3 

car bus

4 

bike car

5 

bike airplane

6 

subway train

Practice Book 정답

Unit 1

p.3 Listening

▸ 문장을 잘 듣고 빈칸에 알맞은 단어를 써넣으세요.

sail rectangle sun towel beach welcome starfish

1. We are at the **beach**.
2. It's the **sun** in the sky.
3. It's a **starfish** from the sea!
4. It's a **sail** on a boat.
5. Here's a beach **towel**.
6. It looks like a **rectangle**.
7. Oh no, we're not **welcome**.

p.4 Shapes at the Beach — Sentence

▸ 알맞은 단어에 동그라미 한 다음, 전체 문장을 따라 쓰세요.

1. I see a (triangle / circle). **circle**
2. The (sun / moon) feels so nice! **sun**
3. The (starfish / fish) looks like a star. **starfish**
4. The boat goes (slow / fast)! **fast**
5. It feels (soft / hard). **soft**
6. Oh no, we're not (welcome / nice)! **welcome**

p.5 Theme Words

Shapes ▸ 그림에 알맞은 단어에 동그라미 한 다음, 단어를 따라 쓰세요.

1. **circle** / rectangle
2. sun / **star**
3. rectangle / **square**
4. triangle / **rectangle**
5. **triangle** / star
6. **oval** / circle

Unit 2

p.7 Listening

▸ 문장을 잘 듣고 빈칸에 알맞은 단어를 써넣으세요.

blue funny straight glasses friend same yellow

1. Emma is my best **friend**.
2. I have **straight** hair.
3. Emma has **blue** eyes.
4. I wear **glasses**.
5. I like **funny** stories!
6. We both love the **same** color!
7. I love **yellow** too!

p.8 We Are Alike and Different — Sentence

▸ 알맞은 단어에 동그라미 한 다음, 전체 문장을 따라 쓰세요.

1. We're alike and (different / same). **different**
2. Emma has (straight / curly) hair. **curly**
3. I have (brown / yellow) eyes. **brown**
4. Emma is a bit (shorter / taller) than me. **shorter**
5. We both enjoy (reading / watching) books. **reading**
6. We both (hate / enjoy) playing hide-and-seek. **enjoy**

p.9 Theme Words

Describing ▸ 그림에 알맞은 단어에 동그라미 한 다음, 단어를 따라 쓰세요.

1. **blue** / yellow
2. **brown** / green
3. curly / **straight**
4. straight / **curly**
5. **tall** / short
6. **short** / tall

Unit 3

p.11 Listening

▸ 문장을 잘 듣고 빈칸에 알맞은 단어를 써넣으세요.

creepy dirty honey bug butterfly afraid firefly

1. There is a **bug**.
2. It looks so **creepy**.
3. Bees make **honey** for us.
4. It looks **dirty**.
5. That is not a **butterfly**.
6. It's a **firefly**.
7. Don't be **afraid** of bugs.

p.12 Meet Some Bugs! — Sentence

▸ 알맞은 단어에 동그라미 한 다음, 전체 문장을 따라 쓰세요.

1. It's a (caterpillar / butterfly). **caterpillar**
2. It even has a (pollen / stinger). **stinger**
3. Moths (roll / spread) pollen. **spread**
4. Is it a (bee / butterfly)? **butterfly**
5. I see another bug, a (dirty / creepy) bug. **creepy**
6. Fireflies can make (light / honey) at night. **light**

p.13 Theme Words

Bugs ▸ 그림에 알맞은 단어에 동그라미 한 다음, 단어를 따라 쓰세요.

1. **bee** / ant
2. dung beetle / **firefly**
3. caterpillar / **butterfly**
4. **ant** / butterfly
5. bee / **dung beetle**
6. firefly / **caterpillar**

Unit 4

p.15 Listening

▸ 문장을 잘 듣고 빈칸에 알맞은 단어를 써넣으세요.

stop sour vegetable tomato onion salty carrot

1. I don't like tomatoes.
2. It's sweet and sour.
3. They're salty and crispy.
4. But I love carrot cake.
5. I can't stop eating it.
6. I don't like onions.
7. You love vegetables after all!

p.16 Guess What I Like — Sentence

▸ 알맞은 단어에 동그라미 한 다음, 전체 문장을 따라 쓰세요.

1. I don't like (tomatoes / potatoes). — potatoes
2. It sweet and (soft / hard). — soft
3. I could eat it (many / every) day. — every
4. I don't like (corn / carrots). — corn
5. It's (salty / crispy) and fun to pop. — salty
6. They're (soft / crunchy) and so much fun to eat. — crunchy

p.17 Theme Words

Vegetables ▸ 그림에 알맞은 단어에 동그라미 한 다음, 단어를 따라 쓰세요.

1. carrot / **tomato**
2. **lettuce** / onion
3. **corn** / carrot
4. onion / **broccoli**
5. broccoli / **onion**
6. corn / **carrot**

Unit 5

p.19 Listening

▸ 문장을 잘 듣고 빈칸에 알맞은 단어를 써넣으세요.

mirror rain boots umbrella stop stripes special raincoat

1. I like this umbrella.
2. It makes me feel special!
3. I like this raincoat.
4. It has many stripes on it.
5. I like these rainboots.
6. I look in the mirror.
7. Oh, the rain stopped!

p.20 Ready for the Rain — Sentence

▸ 알맞은 단어에 동그라미 한 다음, 전체 문장을 따라 쓰세요.

1. It's (raining / sunny) outside. — raining
2. It has many (triangles / stars) on it. — stars
3. It makes me feel (happy / sad)! — happy
4. It makes me feel (special / cool)! — cool
5. They have (bunnies / turtles) on them. — bunnies
6. They make me feel like (jumping / swimming)! — jumping

p.21 Theme Words

Going Out ▸ 그림에 알맞은 단어에 동그라미 한 다음, 단어를 따라 쓰세요.

1. **rain boots** / jacket
2. **umbrella** / backpack
3. socks / **jeans**
4. jacket / **socks**
5. umbrella / **jacket**
6. **backpack** / jeans

Unit 6

p.23 Listening

▸ 문장을 잘 듣고 빈칸에 알맞은 단어를 써넣으세요.

bus airplane subway bike train travel school

1. People use different ways to travel.
2. Who takes the bus?
3. He goes to school by bus.
4. The subway runs very fast.
5. Who takes the train?
6. He travels abroad by airplane.
7. I go to the park by bike.

p.24 Who Takes the Bus? — Sentence

▸ 알맞은 단어에 동그라미 한 다음, 전체 문장을 따라 쓰세요.

1. Who takes the (subway / train)? — train
2. He goes to work by (airplane / subway). — subway
3. We go on a (picnic / park) by train. — picnic
4. Who takes an (subway / airplane)? — airplane
5. An (airplane / bus) can take you anywhere! — airplane
6. Who rides a (train / bike)? — bike

p.25 Theme Words

Transportation ▸ 그림에 알맞은 단어에 동그라미 한 다음, 단어를 따라 쓰세요.

1. bike / **airplane**
2. **train** / subway
3. car / **bus**
4. bike / **car**
5. **bike** / airplane
6. **subway** / train

Story Reading

p.14

A: 우리는 해변에 있어!

B: 우리는 무엇을 발견할 수 있을까?

C: 둘러보자!

p.15

B: 난 동그라미가 보여.

A: 그건 하늘에 있는 태양이야.

C: 해가 아주 기분 좋게 느껴져!

p.16

B: 봐, 나는 별이 보여.

A: 그건 바다에서 온 불가사리야!

C: 불가사리는 별처럼 생겼어. 정말 멋지다!

p.17

B: 난 세모가 보여!

A: 그건 배에 있는 돛이야. 배는 빨리 가!

C: 우리도 배를 타자.

p.18

A: 여기 비치 타월이 있어.

B: 이건 직사각형처럼 보여.

C: 거기 앉아 보자.

이건 부드러워.

p.19

B: 난 네모가 보여!

A: 이건 표지판이야.

'외계인 출입 금지'라고 쓰여있네.

C: 오 안돼, 우릴 환영하지 않는다네!

Story Words

beach 해변, 바닷가	find (우연히) 찾다, 발견하다	sun 해, 태양	feel 느끼다
nice (기분) 좋은, 즐거운	starfish 불가사리	cool 멋진	sail 돛
fast 빠르게, 빨리	towel 수건, 타월	soft 부드러운	sign 표지판

Theme Words Shapes (도형들)

circle 원형	star 별 모양	square 정사각형
rectangle 직사각형	triangle 삼각형	oval 타원형

Answers

p.13

p.20

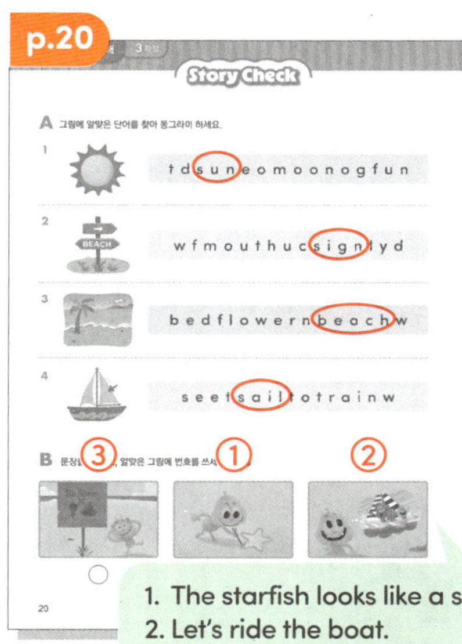

1. The starfish looks like a star.
2. Let's ride the boat.
3. Oh no, we're not welcome!

p.21

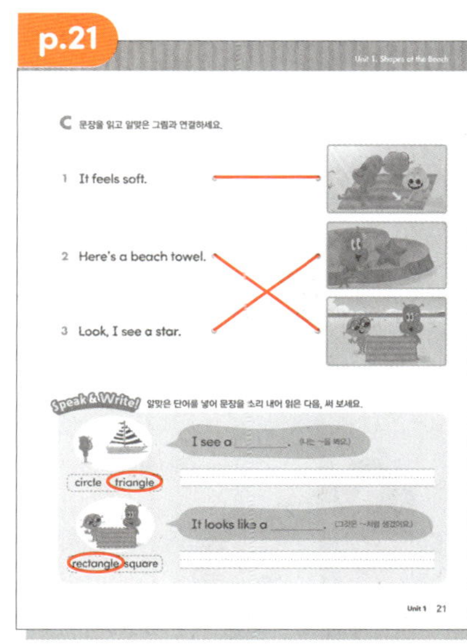

p.22

p.23

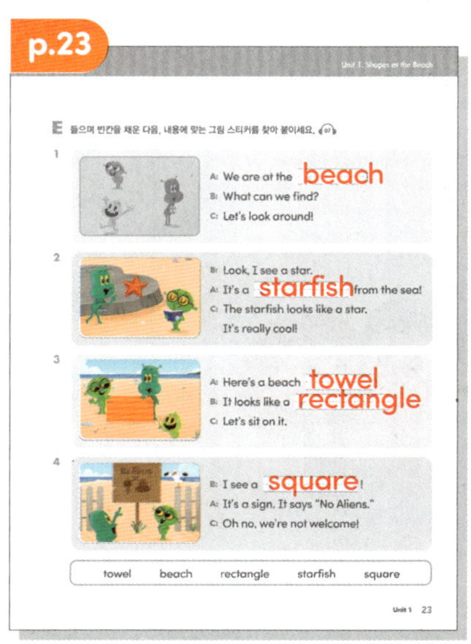

p.25

Story Reading

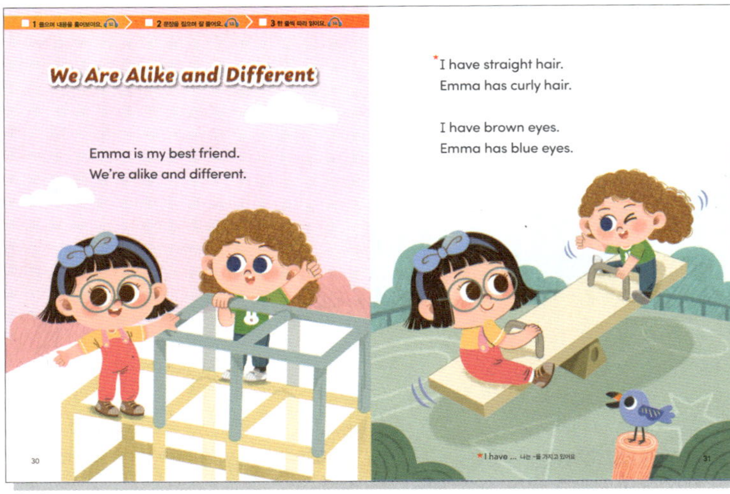

p.30

엠마는 가장 친한 내 친구예요.
우리는 비슷하기도 하고 다르기도 해요.

p.31

나는 생머리예요. 엠마는 곱슬머리예요.
나는 갈색 눈이에요. 엠마는 파란색 눈이에요.

Tip 갈색 눈뿐 아니라 아주 짙은 갈색 눈이나 검은 눈도 brown eye라고 해요. black eye는 '맞아서 멍든 눈'을 의미해요.

p.32

나는 안경을 써요.
엠마는 안경을 쓰지 않아요.
나는 키가 커요. 엠마는 나보다 키가 조금 작아요.

Tip shorter than ...: ~보다 더 작은

p.33

우리는 둘 다 책 읽는 걸 즐겨요.
나: 나는 웃긴 이야기들이 좋아!
우리는 둘 다 숨바꼭질을 즐겨요.
나: 넌 날 못 찾을 거야!

p.34

우리는 둘 다 그림 색칠하기를 즐겨요.
우리는 둘 다 같은 색을 아주 좋아해요!
나: 나는 노란색이 좋아.
엠마: 나도 노란색 좋아해!

p.35

우리는 비슷하기도 하고 다르기도 해요.
하지만 우리는 가장 친한 친구예요.

Story Words

alike (아주) 비슷한	different 다른	best 가장 좋은	hair 머리카락
wear 입고[쓰고] 있다	glasses 안경	both 둘 다	enjoy 즐기다
read 읽다	hide-and-seek 숨바꼭질	paint 채색하다	same 똑같은, 동일한

Theme Words Describing (묘사하기)

curly 곱슬곱슬한	blue 파란색의, 파란	tall 키가 큰
straight 곧은, 직선의	brown 갈색의, 갈색	short 키가 작은

Answers

p.29

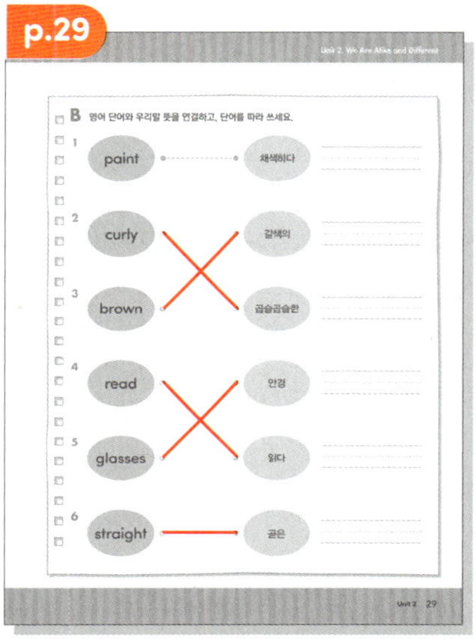

p.36

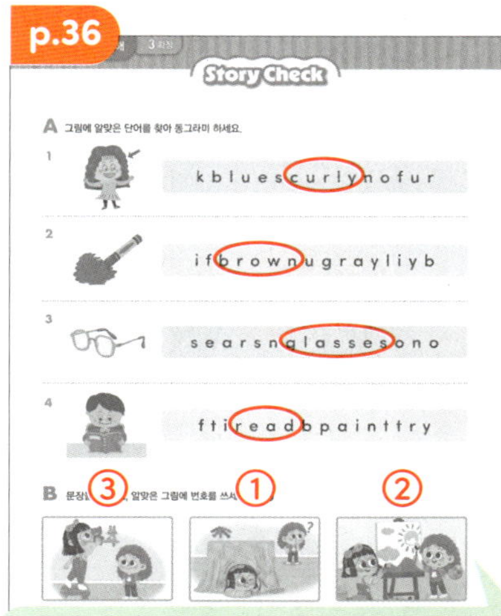

1. We both enjoy playing hide-and-seek.
2. We both enjoy painting.
3. Emma is a bit shorter than me.

p.37

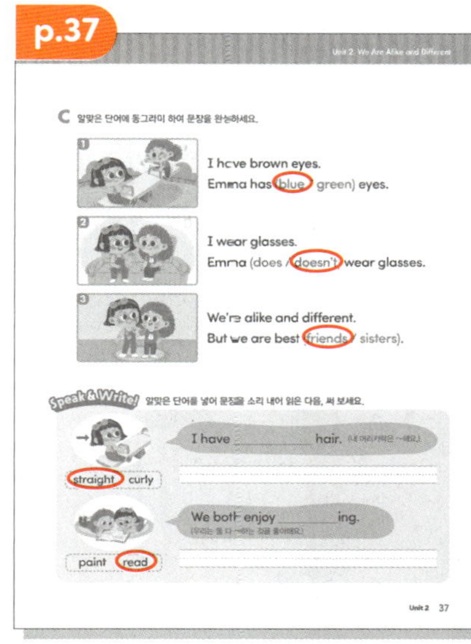

p.38

p.39

p.41

Story Reading

p.46

여자아이: 벌레가 있어요.
아주 징그러워 보여요.

아빠: 그건 애벌레란다.
그건 나비가 될 거야.

p.47

여자아이: 벌레가 있어요.
심지어 침도 있어요.

아빠: 그건 벌이란다.
벌은 우리에게 꿀을 만들어 주지.

p.48

여자아이: 또 다른 벌레가 있어요. 더러워 보여요.

아빠: 그건 쇠똥구리야.
쇠똥구리는 동물의 똥을 굴려서 묻는단다.

p.49

여자아이: 그건 나비인가요?
징그러워 보여요.

아빠: 저것은 나비가 아니란다.
그것은 나방이야.
나방은 꽃가루를 퍼뜨리지.

p.50

여자아이: 또 다른 벌레가 보여요, 징그러운 벌레요.

아빠: 그건 반딧불이야.
반딧불이는 밤에 빛을 만들 수 있단다.

p.51

아빠: 벌레들을 무서워하지 마.
그것들은 우리에게 도움이 되고, 흥미로워!

Tip be afraid of: ~을 무서워하다

Story Words

bug 벌레	creepy 소름 끼치는, 기분 나쁜	become ~가 되다	moth 나방
even ~조차, 심지어	stinger (곤충의) 침	honey 꿀, 벌꿀	dirty 더러운
dropping (새, 짐승의) 똥	spread 퍼지다, 퍼뜨리다	pollen 꽃가루	roll 굴리다

Theme Words Bugs (벌레들)

butterfly 나비	caterpillar 애벌레	bee 벌
firefly 반딧불이	ant 개미	dung beetle 개똥벌레

Answers

p.45

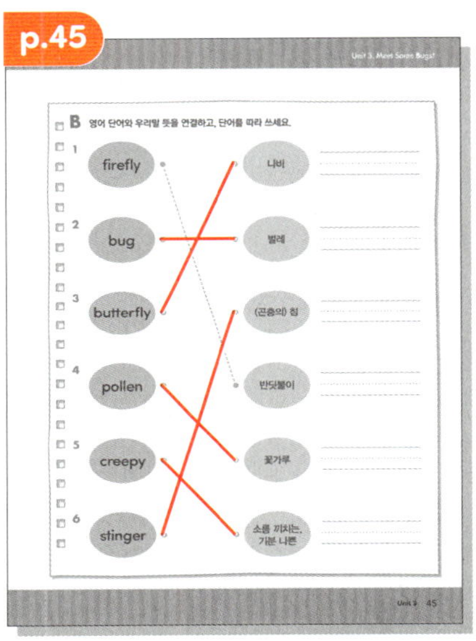

p.52

1. Fireflies can make light at night.
2. Dung beetles roll and bury animal droppings.
3. It's a caterpillar. It will become a butterfly.

p.53

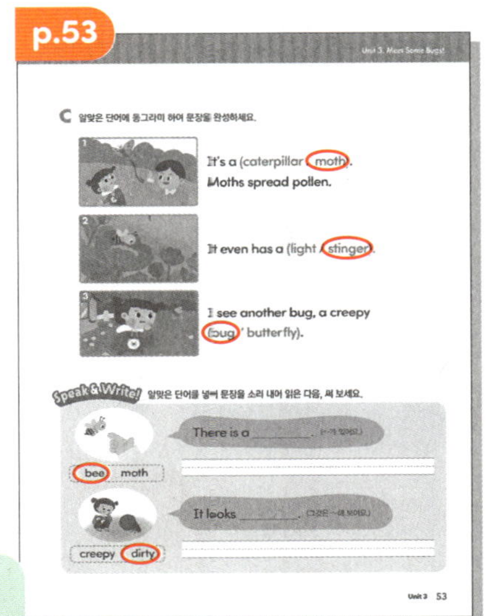

p.54

p.55

p.57

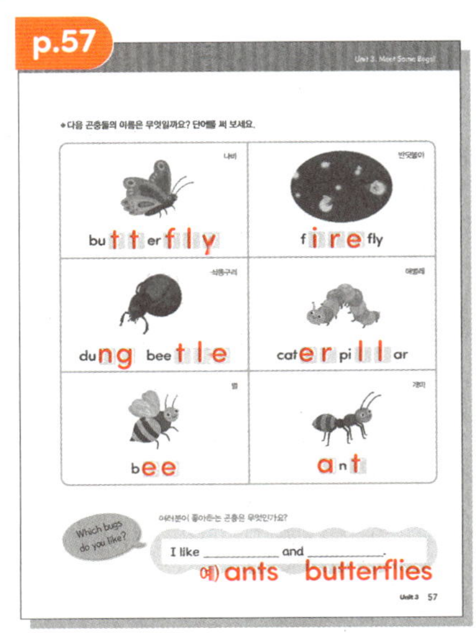

Story Reading

p.66

나는 토마토를 안 좋아해요.
하지만 나는 케첩을 정말 좋아해요.
그것은 달콤하고 시큼해요.
나는 그것을 핫도그에 뿌려요.

p.67

나는 감자를 안 좋아해요.
하지만 나는 감자튀김을 정말 좋아해요.
그것들은 짭짤하고 바삭바삭해요.
나는 그것들을 케첩과 함께 먹어요!

p.68

나는 당근을 안 좋아해요.
하지만 나는 당근 케이크를 좋아해요.
그것은 달콤하고 부드러워요.
나는 그것을 매일이라도 먹을 수 있을 것 같아요.

p.69

나는 옥수수를 안 좋아해요.
하지만 나는 팝콘은 정말 좋아해요.
그것은 짭짤하고 톡톡 터지는 게 재밌어요.
나는 그것을 먹는 걸 멈출 수 없어요.

p.70

나는 양파를 안 좋아해요.
하지만 난 양파링을 정말 좋아해요.
그것들은 바삭바삭하고 먹는 재미가 있어요.

p.71

엄마가 말해요,
"결국 넌 채소를 진짜 좋아하네! 놀랍지?"

Story Words

sweet (맛이) 단, 달콤한	sour (맛이) 신, 시큼한	potato 감자	fries 감자튀김
salty (맛이) 짠, 짭짤한	crispy 바삭바삭한	eat 먹다	cake 케이크
pop 펑 하고 터지다	ring 고리, 원형	surprised 놀란	vegetable 채소

Theme Words Vegetables (채소)

carrot 당근	broccoli 브로콜리	lettuce 양상추
corn 옥수수	tomato 토마토	onion 양파

Answers

p.65

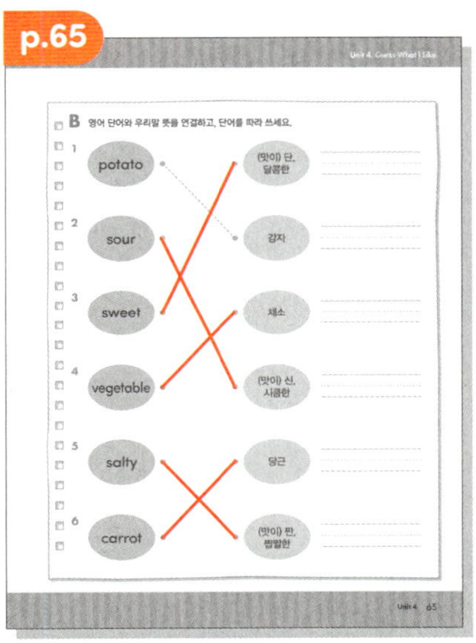

p.72

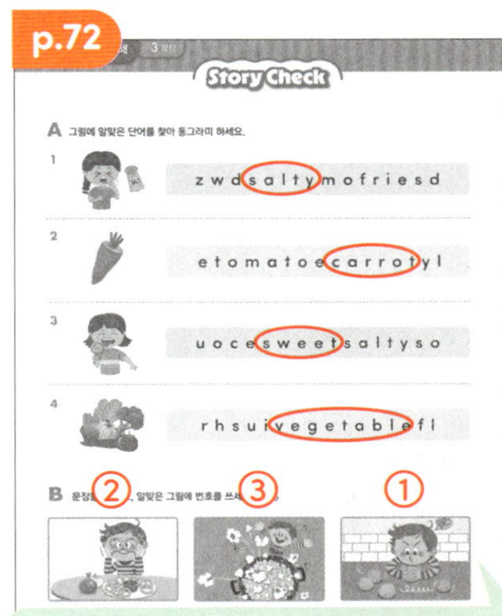

1. I don't like potatoes.
2. I don't like onions. But I love onion rings.
3. I don't like corn. But I love popcorn.

p.73

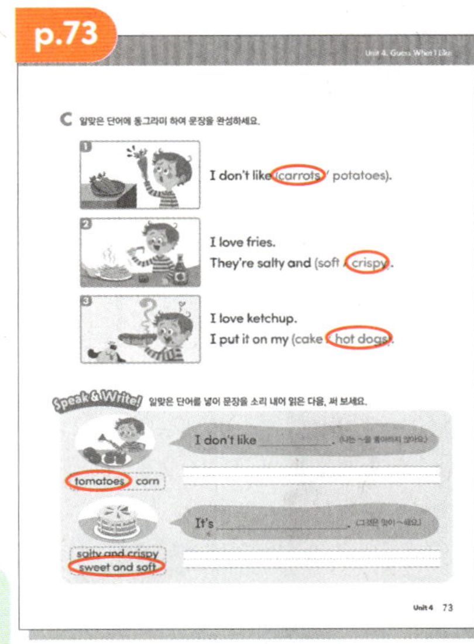

p.74

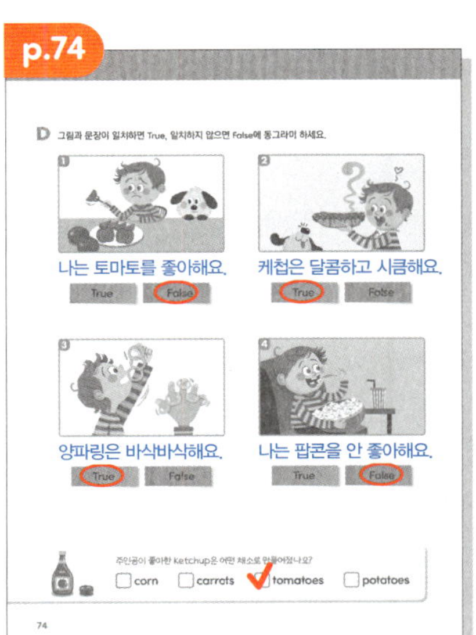

p.75

p.77

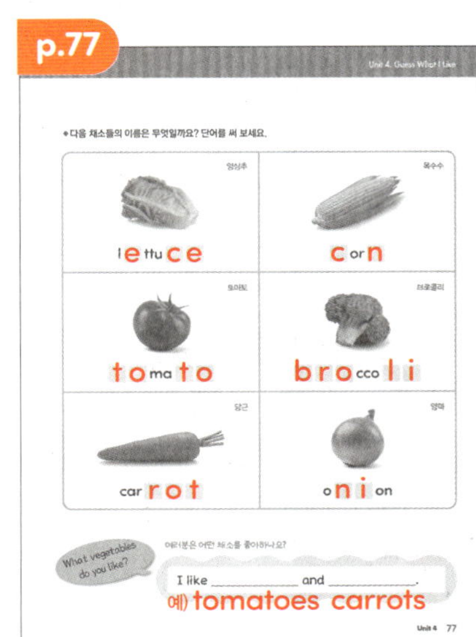

Unit 5 Ready for the Rain 비 맞을 준비

Story Reading

p.82

밖에 비가 오고 있어요.
나는 밖에 나가고 싶어요.
준비해 봐요!

p.83

나는 이 우산이 좋아요.
이것엔 별 모양이 많이 있어요.
이것은 내가 특별하다고 느끼게 해줘요!

p.84

나는 이 비옷이 좋아요.
이것엔 꽃 모양이 많이 있어요.
이것은 나를 기분 좋게 만들어 줘요!

p.85

나는 이 가방이 좋아요.
이것엔 줄무늬가 많이 있어요.
이것은 내가 멋지다고 느끼게 해줘요!

p.86

나는 이 장화가 좋아요.
그것들에는 토끼들이 붙어 있어요.
그것들은 나를 뛰고 싶게 만들어요!
나는 거울을 들여다봐요.
여자아이: 완벽해!

Tip feel like -ing: ~을 하고 싶다

p.87

오, 비가 멈췄어요!
하지만 괜찮아요. 나는 여전히 행복해요.

Story Words

rain 비, 비가 오다	outside 밖에	ready 준비가 된	cool 멋진
speical 특별한	raincoat 우비	flower 꽃	stripes 줄무늬
jump 뛰어오르다	bunnies 토끼들	mirror 거울	stop 멈추다

Theme Words Going Out (외출하기)

umbrella 우산	backpack 배낭, 책가방	jacket 재킷
rain boots 장화	jeans 청바지	socks 양말

Answers

p.81

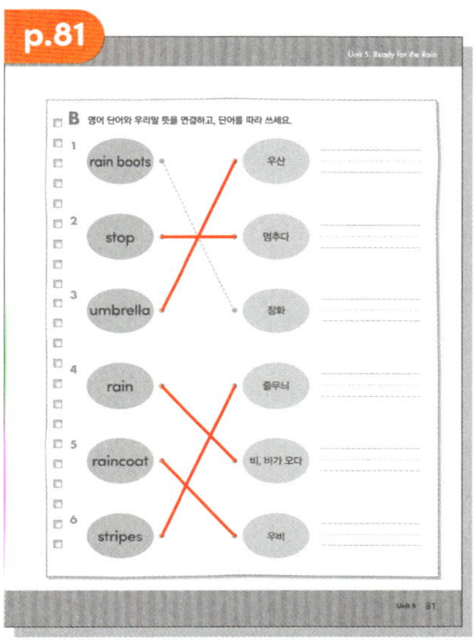

p.88

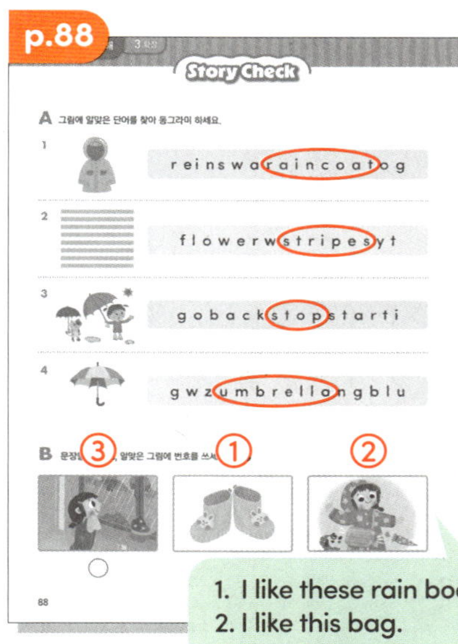

1. I like these rain boots.
2. I like this bag.
3. It's raining outside.

p.89

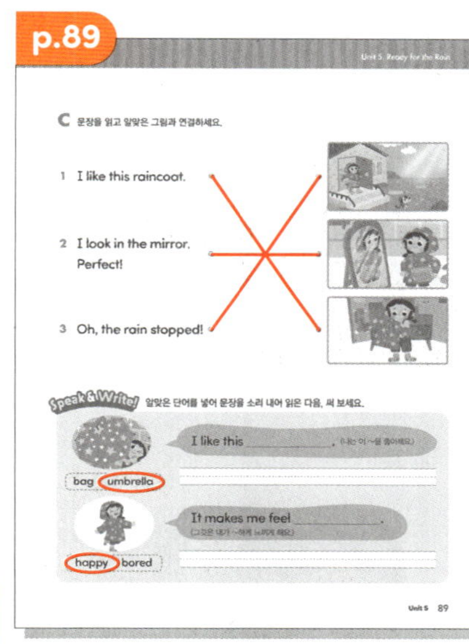

p.90

d 밖에 비가 오고 있어요. 나는 밖에 나가고 싶어요.
b 나는 이 우산이 좋아요. 이것엔 별 모양이 많이 있어요.
c 나는 이 장화가 좋아요. 그것들에는 토끼들이 붙어 있어요.
a 오, 비가 멈췄어요! 하지만 괜찮아요.

p.91

p.93

Story Reading

p.98

당신은 어떻게 돌아다니나요?
사람들은 각각 다른 방법으로 이동해요.

Tip get around: (여기 저기) 돌아다니다

p.99

누가 버스를 타나요?
나의 오빠가 타요.
그는 버스를 타고 학교에 가요.
그 버스는 크고 멋져요.

p.100

누가 지하철을 타나요?
나의 아빠가 타요.
그는 지하철을 타고 출근해요.
지하철은 아주 빨리 달려요.

p.101

누가 기차를 타나요?
나의 가족이 타요.
우리는 기차를 타고 소풍을 가요.
밖을 보면 재미있어요.

p.102

누가 비행기를 타나요?
나의 삼촌이 타요.
그는 비행기를 타고 해외로 여행을 가요.
비행기는 당신을 어디든 데려다 줄 수 있어요!

p.103

누가 자전거를 타나요?
나예요! 나는 자전거를 타고 공원에 가요.
내 자전거를 봐요!
이것은 최고예요.

Story Words

different 각각 다른	travel 여행하다, 이동하다	bus 버스	brother 형, 오빠, 남동생
school 학교	take (교통수단 등을) 타다	work 일하다	run (버스, 기차 등이) 달리다
family 가족	picnic 소풍	uncle 삼촌, 고모부	abroad 해외로

Theme Words Transportation (교통수단)

airplane 비행기	train 기차	bus 버스
car 자동차	bike 자전거	subway 지하철

Answers

p.97

p.104

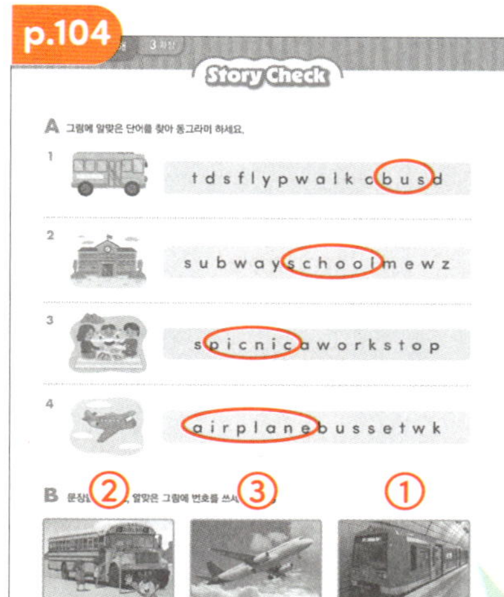

1. The subway runs very fast.
2. The bus is big and cool.
3. An airplane can take you anywhere!

p.105

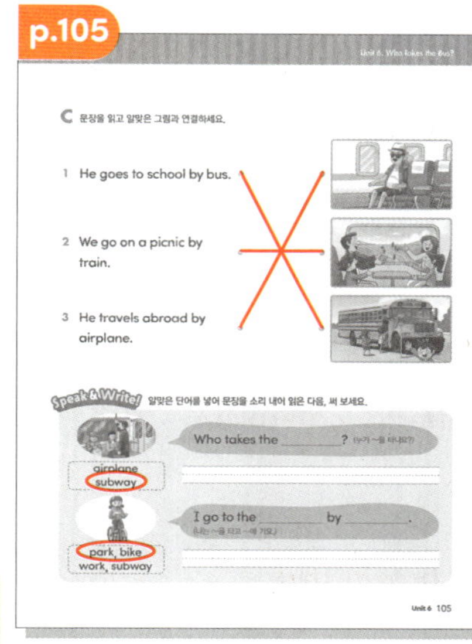

p.106

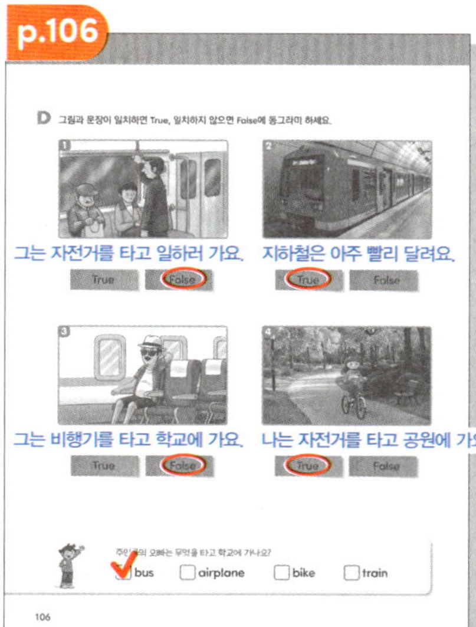

p.107

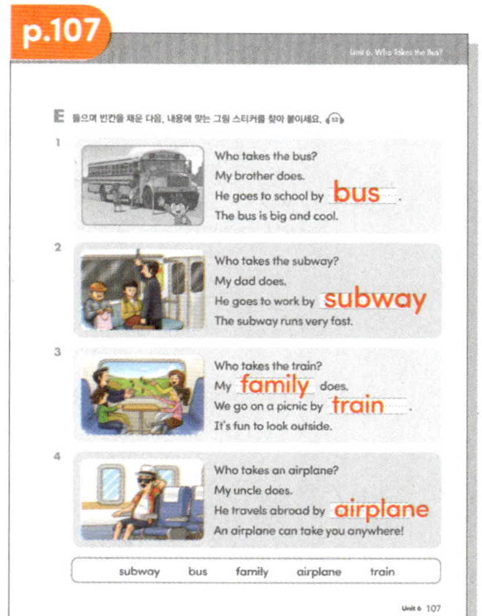

p.109

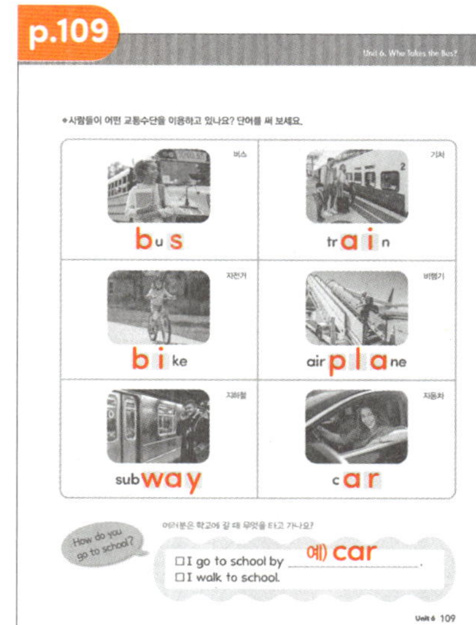

Review Test 정답

p.59

Review Test ❶ — Unit 1~3

Words 그림에 맞는 단어를 찾아 쓰세요. / 10

glasses sun butterfly straight towel beach curly firefly sail pollen

1 curly
2 pollen
3 sun
4 butterfly
5 firefly
6 sail
7 beach
8 straight
9 glasses
10 towel

p.60

Comprehension A 문장을 읽고 알맞은 그림의 기호를 쓰세요. / 6

1 It's a starfish from the sea! ⓐ
2 I have brown eyes. ⓑ
3 It even has a stinger. ⓑ
4 Fireflies can make light at night. ⓒ
5 Emma is a bit shorter than me. ⓐ
6 It's a sail on a boat. ⓑ

p.61

Comprehension B 그림을 보고 알맞은 문장에 V 표시를 하세요. / 6

1 ✔ We both enjoy painting. / ☐ We both enjoy reading books.
2 ☐ Emma wears glasses. / ✔ Emma doesn't wear glasses.
3 ☐ Moths spread droppings. / ✔ Moths spread pollen.
4 ✔ I see a square! / ☐ I see a circle!
5 ☐ It's a caterpillar. / ✔ It's a dung beetle.
6 ✔ It's the sun in the sky. / ☐ It's a starfish from the sea.

p.62

Theme Words 그림을 보고 알맞은 단어를 빈칸에 쓰세요. / 9

Shapes: ❶ star ❷ circle ❸ rectangle ❹ triangle

Bugs: ❺ butterfly ❻ caterpillar ❼ ant ❽ bee

Describing: ❾ brown ❿ blue ⓫ straight ⓬ curly

p.111

Review Test ❷ — Unit 4~6

Words 그림에 맞는 단어를 찾아 쓰세요. / 10

umbrella sour picnic bus salty carrot raincoat rain boots subway school

1 raincoat
2 school
3 picnic
4 sour
5 subway
6 umbrella
7 carrot
8 rain boots
9 bus
10 salty

p.112

Comprehension A 문장을 읽고 알맞은 그림의 기호를 쓰세요. / 6

1 The bag has many stripes. ⓑ
2 My dad goes to work by subway. ⓐ
3 I don't like carrots. ⓑ
4 Popcorn is salty and fun to pop. ⓐ
5 I like this raincoat. ⓒ
6 We go on a picnic by train. ⓑ

p.113

Comprehension B 그림을 보고 알맞은 문장에 V 표시를 하세요. / 6

1 ✔ My uncle travels abroad by airplane. / ☐ My uncle travels abroad by bike.
2 ☐ It's sunny outside. / ✔ It's raining outside.
3 ✔ Ketchup is sweet and sour. / ☐ Ketchup is salty and crispy.
4 ✔ Who takes the bus? / ☐ Who takes the subway?
5 ✔ I don't like potatoes. / ☐ I like potatoes.
6 ☐ That's bad. I'm sad. / ✔ That's okay. I'm still happy.

p.114

Theme Words 그림을 보고 알맞은 단어를 빈칸에 쓰세요. / 9

Going Out: ❶ jacket ❷ backpack ❸ socks ❹ umbrella

Transportation: ❺ train ❻ bike ❼ car ❽ airplane

Vegetables: ❾ tomato ❿ broccoli ⓫ onion ⓬ lettuce

"방법이 다르면 결과가 달라집니다"

리딩 실력을 껑충 키우는

기적만의 3-Step 완전학습

기적의 영어리딩

* 전문가가 설계한 6단계 리딩 프로그램으로 빈틈없는 영어 문해력 완성!